D1471616

KOEIEN

KOEIEN

Een wonderbaarlijke reis door de wereld van het rund

Anno Fokkinga | Marleen Felius

Uitgeverij THOTH Bussum

Inhoud

Inleiding 6

1 Het beest getemd 8

WILDE RUNDEREN EN DOMESTICATIE

2 Verering en aanbidding 36

RELIGIE EN POLITIEK

3 Sport of vermaak? 60

RUNDERSPELEN

4 Werken voor de kost 94

HET RUND ALS TREK-, LAST- EN RIJDIER

5 **De anatomische les** 122

DE BIOLOGIE VAN HET RUND

6 **Koeien op de catwalk** 158

KEUREN, MERKEN EN SHOWEN

7 **Van melkmeisje tot robot** 186

MELKVEEHOUDERIJ

8 **'Alle vleesch is gras'** 214

EXTENSIEVE VEEHOUDERIJ EN VLEESVEE

Over de auteurs 238

Illustratieverantwoording 239

Inleiding

Koeien is een geheel herziene en geactualiseerde herdruk van ons grote boek *De koe* (2001). Een 'remake' in een kleiner jasje, met korte en bondige teksten, bijzondere foto's en interessante wetenswaardigheden. Het is een ongewoon verhaal over dood-gewone koeien, een boeiend beeldverslag over koeien van nu en koeien van toen, koeien van hier en koeien van verre.

Koeien bestaan bij de gratie van de mens. Het tamme rund is door de mens geschapen, uit de oeros gewrocht. Getemd en gedomesticeerd. Door de mens, voor de mens.

Duizenden jaren hebben runderen onze akkers geploegd, onze karren getrokken, ons gevoed, gelaafd en gekleed. Duizenden jaren ook hebben wij zowel de stier als de koe vereerd en aan-beden. Met ze gespeeld en met ze gevochten. Al negenduizend jaar – driehonderd generaties – delen wij huis en akker met het rund. De cowboy zit in onze genen.

De aarde telt ongeveer 1,5 miljard runderen, kalfjes meegerekend. Dat is één rund op vier aardbewoners. Elk jaar komen er nog 25 miljoen koeien bij. In het jaar 2050 zullen er op aarde – zo voor-spelt de Wereld Voedsel Organisatie FAO – 2,6 miljard runderen rondlopen. Bijna een verdubbeling. De groei zit er dus nog be-hoorlijk in. Niet zozeer in ons land, dat nu ruim 4 miljoen runderen telt, maar wel in de zich ontwikkelende landen van Azië, Afrika en Zuid-Amerika. Of onze planeet een dergelijke groei van de rund-veehouderij aan zal kunnen, is overigens zeer de vraag.

Jaarlijks verorbert de wereldbevolking – met uitzondering van een miljard hindoes in India – 60 miljoen ton rundvlees. Dat is 60 miljard kilo. Maar ook het vlees wordt ongelijk verdeeld. Een Chinees eet 6 kilo rundvlees per jaar, een Nederlander 16 kilo, een Amerikaan 40 kilo en een Argentijn maar liefst 56 kilo.

Het meeste rundvlees wordt geproduceerd in de Verenigde Staten (12 miljoen ton per jaar), gevolgd door Brazilië (9 miljoen ton per jaar), Europa (8 miljoen ton per jaar) en China (7,7 miljoen ton per jaar).

Nederland is een koeienland, een melkkoeienland. Onze zwartbonte Fries-Hollandse koeien – door Amerikanen (abusievelijk) omgedoopt tot Holsteins – genieten wereldfaam en zijn naar alle uithoeken van de wereld verscheept. Koeien met prachtige uiers, die met gemak tot wel 10.000 liter melk per jaar produceren.

Wereldwijd wordt er jaarlijks ruim 650 miljard liter melk geproduceerd (en geconsumeerd). India, het land van de heilige koe, staat met een jaarlijkse melkproductie van 110 miljard liter bovenaan in de ranglijst, gevolgd door de Verenigde Staten met 90 miljard liter, terwijl China goed is voor 35 miljard liter en Nederland het zeker niet slecht doet met ruim 11 miljard liter. En de melkproductie stijgt nog steeds. Wereldwijd weliswaar heel bescheiden (1,7%), maar in een land als China groeit de productie jaarlijks nog met zo'n 12% en in India met 4%.

Dit boek gaat over rundveehouderij, de wereldwijde melk- en vleesproductie, maar ook over allerlei interessante biologische aspecten van koeien en vooral ook over de rol van koeien in cultuur, sport en religie (van stierenraces tot heilige koeien). Het is een boek over mooie koeien en over bijzondere koeien. Koeien van binnen en van buiten, in soorten en maten, in kleur en in zwartwit. Kortom, *Koeien. Een wonderbaarlijke reis door de wereld van het rund.*

Banteng

Gaur

Wilde yak

Wilde waterbuffel (Arni)

Oerrund

Het beest getemd

'En God maakte het wild gedierte der aarde naar zijnen aard, en het vee naar zijnen aard.'

Genesis, 1:25

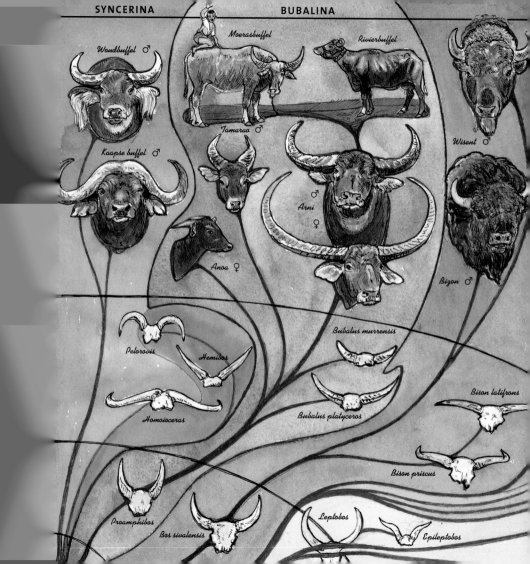

SYNCERINA

BUBALINA

Woudbuffel ♂

Moerasbuffel

Rivierbuffel

Wisent

Kaapse buffel ♂

Tamarao ♂

Arni ♀

Anoa ♀

Bizon ♂

Pelorovis

Hemibos

Bubalus murrensis

Homoioceras

Bubalus platyceros

Bison latifrons

Proamphibos

Bison priscus

Bos sivalensis

Leptobos

Epileptobos

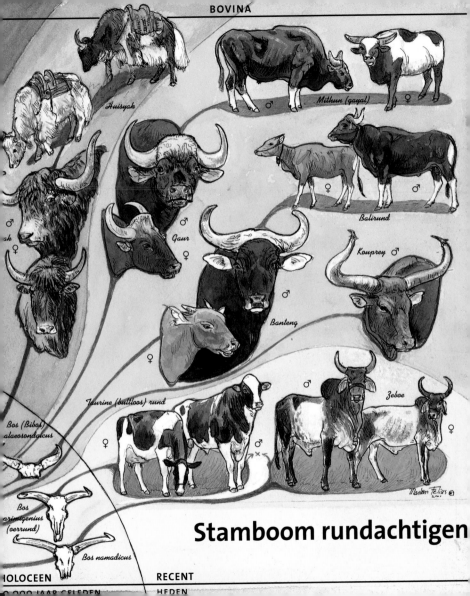

Huisyak

Mithun (gayal) ♂ ♀

Balirund ♀ ♂

Gaur ♀

Kouprey ♂

Banteng ♂ ♀

ak ♂ ♀

Taurine (bultloos) rund ♀ ♂

Zeboe ♂ ♀

Bos (Bibos) palaeosondaicus ♀

Bos primigenius (oerrund)

Bos namadicus

Marleen Felius

Stamboom rundachtigen

HOLOCEEN

RECENT

HEDEN

 het oerrund (ook wel
 enoemd) is uitgestorven,
 en uit skeletvondsten
 opmaken dat de stieren
 ofthoogte moeten
 gehad van gemiddeld
 (160-200 cm), terwijl
 en kleiner waren (150-
. De hoorns hadden een
 van 60-100 cm en waren
 naar voren gericht. De
 ringen in de grotten van
 in de Franse Dordogne,
 00 jaar geleden door
 werden gemaakt, tonen
 tigtal oerrunderen. De
 elde stieren zijn meren-
 wart van kleur met een

witte aalstreep en de koeien
roodbruin.

De gravures van oerrunderen
op rotsen in de Sahara zijn veel
jonger dan die van Lascaux en
dateren uit de periode 6000-
2500 v.Chr. In die periode was
de Sahara nog groen en vrucht-
baar. Naast oerrunderen en
andere wilde diersoorten zijn
op deze rotsen ook veel gedomesticeerde runderen afgebeeld. Uit deze gravures valt
op te maken dat het Afrikaanse oerrund opvallend zware,
naar omlaag gekromde hoorns
bezat.

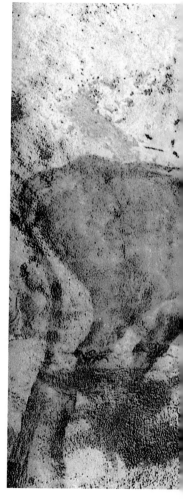

Oerrund (koe) in Lascaux.

Oerrund (stier), rotsgravure uit de
Sahara (Libië).

Jacht op oerrund

Het oerrund is uitgestorven en daarvoor zijn meerdere oorzaken aan te geven. Er werd uiteraard op deze dieren gejaagd en naarmate het aantal mensen toenam, zal ook de jacht intensiever zijn geworden. Van de Egyptische farao Amenophis III (1417-1379 v.Chr.) is opgetekend dat hij op één dag 56 oerrunderen wist te doden, die hij eerst door zijn manschappen had laten omsingelen.

In Nederland en andere delen van Noord-Europa verschenen de oerrunderen pas na de ijstijden, ongeveer 10.000 jaar geleden, en wisten zich er enkele duizenden jaren te handhaven. Rond 1200 na Chr. waren vrijwel alle oerrunderen in het westelijk deel van Europa verdwenen. De allerlaatste kudden leefden op de grens van Polen en Rusland. Daar stierf het laatste exemplaar in 1627 een natuurlijke dood. In Afrika en Azië waren de oerrunderen al veel eerder uitgestorven (of uitgeroeid).

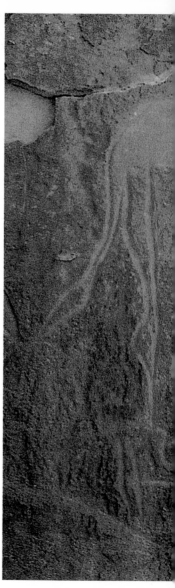

▶ Jacht op een oerrund (stier), rotsgravure van 5000 v.Chr. in de Sahara (Wadi Gedid, Libië).

▲ Jacht op het oerrund op een reliëf uit de negende eeuw v.Chr. uit Nimrud in Mesopotamië (Irak).

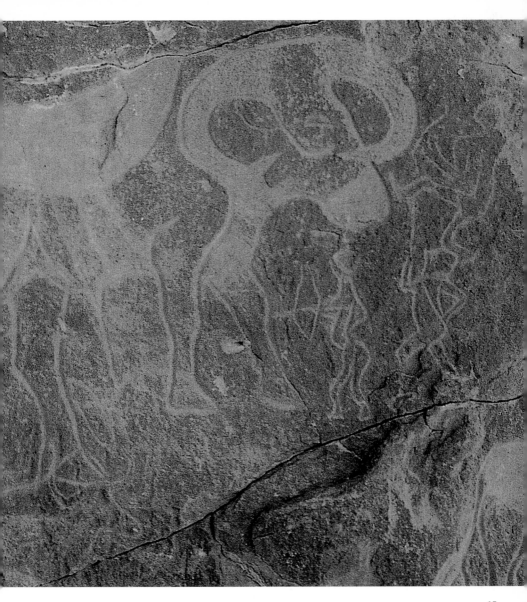

Domesticatie

De oudst bekende huisrunderen van Europa en het Midden-Oosten dateren van ruim 8500 jaar geleden. Hiervan zijn botten gevonden in Thessalië (Griekenland), maar ook op de linkeroever van de Eufraat (Irak) en, iets jonger, in Anatolië (Turkije), Syrië en Palestina. De bewoners van dit gebied zijn 8000-10.000 jaar geleden hun leven als jagers en verzamelaars geleidelijk gaan vervangen door landbouw en veehouderij. Vanuit dit domesticatiecentrum zijn de tamme runderen met migrerende volkeren verspreid over Europa en delen van Azië. De Afrikaanse runderen zijn gedomesticeerd uit oerrunderen die ter plekke voorkwamen (in de toen nog groene Sahara) en verspreid over het gehele Afrikaanse continent.
Tamme runderen werden aanvankelijk veel kleiner dan hun wilde voorouders en werden pas vele eeuwen later door betere voeding en gerichte fokkerij weer groter. Andere typische domesticatiekenmerken van het rund zijn: een verminderd aantal wervels, een grote variatie in hoorns, kleur en kleurpatronen, afname van het hersengewicht en een geringer sekseverschil.

◀ Een gravure uit de Sahara van ongeveer 4000 v.Chr. met een mensenfiguur, honden en gezadelde runderen. Aan de stok tussen de hoorns hangt versiering of bepakking.

▶ Domesticatiecentra van het rund.

Vroegere verspreiding van het oerrund

Gebieden met rotsgravures en -schilderingen van vroeg-gedomesticeerd rundvee

Gebied van de vruchtbare Halve Maan of Levant

Indusvallei, domesticatiecentrum van de zeboe

Vindplaatsen skeletresten

Çatal Hüyük

De herboren oeros

De twee Duitse dierentuindirecteuren Heinz en Lutz Heck waren van mening dat het mogelijk zou moeten zijn om het uitgestorven oerrund terug te fokken uit zijn gedomesticeerde nakomelingen. In de periode 1920-1940 voerden ze kruisingen uit met onder andere Corsicaans vee, Spaans vechtvee en Hooglanders, rassen die nog eigenschappen vertonen van het oerrund. Goering, Hitlers rechterhand, was zeer geïnteresseerd in dit rassenexperiment en zorgde voor de financiële middelen. Het resultaat van deze fokkerij werd aan de pers gepresenteerd als de 'herboren oeros'. Van deze Heckrunderen is in 1983 een dertigtal overgebracht naar het Nederlandse natuurterrein 'Oostvaardersplassen', waar de populatie ondertussen is uitgegroeid tot ongeveer zeshonderd dieren (evenveel stieren als koeien). De dieren vertonen een grote variatie in kleur, hoogte, hoornvormen e.d. en verschillen nog veel van hun wilde voorouders. Het terugfokexperiment van de gebroeders Heck moet dan ook als mislukt (of niet voltooid) worden beschouwd. Eigenlijk lijkt het Spaans vechtvee (Lidia) nog het meest op het oerrund.

De populatie Heckrunderen in de Oostvaardersplassen is de enige kudde runderen waarin de mens niet regulerend optreedt. De Heckrunderen dragen er geen oormerken en worden 's winters niet bijgevoerd. Ook jagers zijn taboe, want hier regeert Charles Darwin met zijn 'struggle for live' en 'survival of the fittest'. De (vele) kadavers vormen een bron van leven voor vossen en andere aaseters, maar ook een bron van ergernis voor mensen die menen dat hier geen 'oernatuur' maar dierenleed wordt gecreëerd.

▶ Heckrunderen in de Oostvaardersplassen.

Zeboe

De huidige (tamme) runderen kunnen in twee hoofdgroepen worden ingedeeld: de niet-gebulte of taurine runderen en de zeboes die ook wel bult-runderen of indicine runderen worden genoemd. Uit DNA-onderzoek is gebleken dat de verschillen tussen deze twee groepen runderen dermate groot is, dat ze uit twee nogal sterk van elkaar verschillende oerrunderen moeten zijn voortgekomen.

De Indusvallei (Pakistan, India) is ongeveer 9000 jaar geleden het domesticatiecentrum geweest van de zeboe. Van hieruit zijn deze (goed tegen hitte bestendige) runderen door de mens verspreid over de rest van Azië, later ook naar Afrika en recentelijk eveneens naar (sub)tropisch Amerika. Zeboes hebben in vergelijking met het bultloze rund een veel groter kossem (halskwab), puntige en vaak hangende oren, een langere kop en langwerpige ogen. Ook hun geluid is anders en ze hebben een snellere en lichtere gang. In veel landen zijn kruisingen van zeboes met bultloze runderen totstandgebracht.

▶ De oudste afbeelding (ca. 2500 v.Chr.) van een zeboe op een zegel uit de Indusvallei.

▼ Bultvormen bij zeboes.

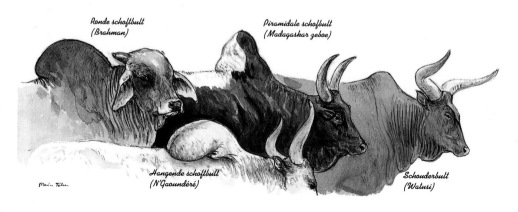

Ronde schoftbult
(Brahman)

Piramidale schoftbult
(Madagaskar zeboe)

Hangende schoftbult
(N'Gaoundéré)

Schouderbult
(Watusi)

Balivee

Het Balirund heeft de banteng (*Bos javanicus*) als voorouder, een wilde rundersoort die vroeger een groot verspreidingsgebied had in heel Zuidoost-Azië, maar nu nog slechts voorkomt in enkele reservaten. De domesticatie heeft waarschijnlijk omtrent 3500 v.Chr. plaatsgevonden. Balirunderen lijken nog veel op de banteng, maar zijn kleiner. De stieren zijn donkerbruin tot zwart met een hoge, lange schoft, die vrij plotseling overgaat in een lagere rug. De koeien zijn reebruin en hebben korte, naar achteren gerichte hoorns. Opvallend zijn, bij zowel de stieren als de koeien, de witte onderbenen en witte bilspiegel. Balivee komt in heel Indonesië voor. Op het eiland Bali mogen van regeringswege alleen Balirunderen worden gehouden en geen andere runderrassen. Zowel de koeien als de stieren worden gebruikt voor het werk in de rijstvelden en (in toenemende mate) voor de vleesproductie.

▶ Balikoeien met kalf (Bali).

▼ Balikoeien (met houten bel) aan het werk in een rijstveld (Bali).

Gayal

De gayal zou een (min of meer) gedomesticeerde vorm zijn van de gaur (*Bos gaurus*), een wild rund dat vroeger voorkwam in een uitgestrekt gebied van India tot Zuidoost-Azië, maar nu alleen nog in enkele bosreservaten.

De gayal, die ook wel mithun wordt genoemd, zou rond 5000 v.Chr. zijn gedomesticeerd, maar is altijd in halfwilde staat gehouden, waardoor er nog regelmatig kruisingen met de wilde gaur hebben plaatsgevonden. Hij komt voor in het gebied van Bhutan, Noordoost-India, Yunnan (China) en Birma. De gayal is kleiner dan de gaur en de stieren hebben buitengewoon dikke, rechte hoorns. Naast eenkleurige, donkerbruine dieren komen er ook bonte voor. Evenals de gaur hebben ze witte onderbenen. De dieren lopen vrij in de bossen rond en worden met zoutblokken naar de dorpen gelokt. Door de Naya worden ze vooral gebruikt als offerdieren en dan door wurging gedood in speciaal daarvoor gebouwde houten torens.

Het ritueel doden van de gayal.

De gayal of mithun (stier).

Yak

De domesticatie van de wilde yak (*Bos mutus*) heeft omtrent 2500 v.Chr. in Tibet plaatsgevonden. De wilde yak is een bedreigde diersoort geworden. De yak heeft (evenals de bizon) veertien paar ribben (het rundvee heeft dertien paar) en een lange, hoge schoft. De staart van de yak lijkt op die van een paard. De dieren zijn met hun dubbele haarkleed uitstekend aangepast aan extreme kou en hebben zich aan de ijle lucht van het hooggebergte aangepast door grotere longen en extra veel rode bloedcellen. De huisyak is vanuit Tibet over een groot gebied verspreid geraakt, van China tot zelfs in Zuid-Siberië, en wordt vooral gebruikt als rij- en lastdier in koude berggebieden (boven 3000 m).

Een yak kan eenkleurig of bont zijn, in meerdere kleurvarianten en rassen, en levert jaarlijks ongeveer een pond wol en een kilo haar. De koeien worden gemolken (yakboter) en de mest wordt gebruikt als brandstof. Ook wordt het vlees gegeten. De yak kan (met moeite) gekruist worden met het gewone rund.

▼ Een bonte, traditioneel gezadelde en met een neustouw voorziene yak.

▶ Yaks op 4000 meter hoogte in de Himalaya (Langtang, Nepal).

Bizon

De Amerikaanse bizon of 'buffalo' (*Bison bison*) en de Europese bizon of wisent (*Bison bonasus*) zijn nauwer aan het rundvee verwant dan de waterbuffels dat zijn. De bizon heeft evenveel chromosomen (60) als het rund en de twee diersoorten kunnen – met zeer veel moeite – met elkaar gekruist worden. Zo hebben Amerikaanse fokkers twee rundveerassen gefokt met bizonbloed.

De prairies van Noord-Amerika waren rond 1800 bevolkt door ruim dertig miljoen bizons, maar in de loop van de negentiende eeuw werden de bizons door zowel blanke jagers als door Indianen massaal afgeslacht voor de lucratieve leerindustrie. Zo werden er alleen al in de korte periode van 1872 tot 1874 ruim vier miljoen bizons afgeschoten. Dankzij enkele natuurbeschermers kon rond 1900 de restpopulatie van ongeveer vijfhonderd dieren worden gered en zijn na enige tijd weer bizons uitgezet in natuurreservaten. De meeste bizons worden nu op bizonranches gehouden voor vleesproductie en voor trofeeënjagers.

▶ Een kudde 'buffaloes' in het Yellowstonepark.

◀ Een bizon wordt klemgezet om te worden gevaccineerd en gebrandmerkt.

Waterbuffel

De tamme waterbuffel stamt af van de wilde Aziatische waterbuffel of arni (*Bubalus arnee*). Deze wilde waterbuffel had oorspronkelijk een groot verspreidingsgebied over heel (warm) Azië, maar is nu een zeldzame diersoort.

De waterbuffel is rond 3000 v. Chr. in de Indusvallei gedomesticeerd en vervolgens door de mens over heel (sub)tropisch Azië verspreid. Vanaf de middeleeuwen is de waterbuffel in Italië en het zuidoosten van Europa ingeburgerd geraakt en in de twintigste eeuw ook in Afrika, Amerika en Australië. Waterbuffels zijn spaarzaam behaard, meestal gehoornd en grijszwart van kleur, maar er komen ook witte, bonte en hoornloze variëteiten voor. Waterbuffels kunnen niet met runderen worden gekruist. Ze loeien niet, hun tong is niet ruw maar glad en hun hoorns zijn aan de basis niet rond maar driekantig en geribd. Er zijn werkbuffels en melkbuffels, met als tussenvorm de mediterrane buffel.

▶ Een werkbuffel of moerasbuffel (karbouw) op Sumatra (Indonesië).

◀ Een melkbuffel of rivierbuffel in India.

Werkbuffel (karbouw)

De werkbuffel of karbouw komt voornamelijk voor in Zuidoost-Azië. De dieren zijn grijs van kleur met lange, wijd uiteenstaande hoorns, waardoor ze nog veel op de wilde waterbuffel lijken. Ze worden voornamelijk gebruikt als werkdier in de rijstvelden. Met hun brede tussenklauwspleten en buigzame voetgewrichten zijn ze uitermate geschikt om in de modder te lopen. Het zijn rustige, zeer intelligente en betrouwbare werkdieren die een hechte band ontwikkelen met hun begeleiders. Ze zijn weliswaar traag, maar werken gestaag. Op het heetst van de dag hebben ze behoefte aan een (modder)bad of een schaduwrijke plek om te rusten. De dieren kunnen tot een leeftijd van twintig tot dertig jaar blijven werken. Werkbuffels zijn niet geschikt als melkvee, maar worden wel geslacht en gegeten.

▶ De karbouw als trekdier bij de Batakkers op Sumatra (Indonesië).

Melkbuffel

Melkbuffels zijn eeuwenlang op melkgift gefokt en worden vooral veel in India en Pakistan als melkvee gehouden. Buffel-koeien kunnen jaarlijks 500-3000 liter melk produceren. Het vetgehalte van de melk bedraagt 7-10% en is dus veel hoger dan dat van runderen. De mannelijke dieren worden voor de slacht of als werkvee gebruikt. India telt bijna 100 miljoen melkbuffels, waarvan er tien verschillende rassen voorkomen. Ruim de helft van de melk die India produceert is afkomstig van melkbuffels. Melkbuffels hebben halve-maanvormige of gekrulde hoorns.
De mediterrane buffel staat wat type betreft tussen de moerasbuffel en rivierbuffel in en wordt gehouden in Italië, de Balkanlanden, Turkije en het Midden-Oosten. Ze worden vrijwel uitsluitend als melkvee gehouden en de melk wordt voornamelijk verwerkt tot kaas. In Nederland zijn sinds kort ook enkele bedrijven met uit Italië afkomstige buffels, waarvan de melk wordt ge-bruikt voor de productie van mozzarella.

▶ Mediterrane melkbuffels in een Nederlandse wei. In de zomer-maanden kunnen ze ook hier niet zonder een modderbad.

▼ Melkbuffelkudde van het ras Jaferabadi in Brazilië.

Japan

Spanje

Mesopotamië

India

Nepal

Europees kampioene

Madagaskar

Mali

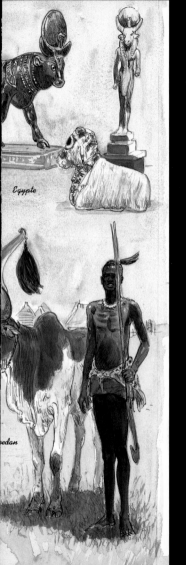

Egypte

Soedan

Verering en aan- bidding

'De koe is een gedicht van mededogen en de geefster van overvloed. De bescherming van de koe is het geschenk van het hindoeïsme aan de wereld.'

Mahatma Gandhi (1869-1948)

Enlil en Ninlil

In Irak, het vroegere Mesopotamië, vond rond 4000 v.Chr. al op grote schaal runderverering plaats. Waarschijnlijk stoelde deze stiercultus in het land van de Eufraat en de Tigris op een nog veel oudere traditie. De Sumeriërs waren uitstekende veehouders en hun eerste tempel zou een veekraal zijn geweest.

Tot de val van Babylon (539 v.Chr.) beheersten de stiergod Enlil en de koegodin Ninlil het leven van de Sumeriërs en Assyriërs. De koningen identificeerden en vereenzelvigden zich met deze goden door hoorns te gaan dragen, terwijl de stiergoden werden afgebeeld met baarden zoals alleen koningen die droegen. Vele metershoge beelden van stieren met vleugels en gehoornde mannenhoofden decoreerden als wachters de paleizen van de koningen.

▲ Beeld van een gevleugelde stier met koningskop, wachter bij het paleis van Ashurnasirpal in Nimrud (Mesopotamië) uit 865 v.Chr.

▶ Gouden hoofd van een stier met een koninklijke baard, een ornament op een muziekinstrument uit het graf van een Sumerische koning uit Ur van ca. 2500 v.Chr.

Apis en Hathor

In het Egyptische Rijk werd in een speciaal daarvoor gebouwde tempel in Memphis een heilige stier gehouden die Apis heette. Apis werd beschouwd als de reïncarnatie van de zonnegod Ptah en daarom afgebeeld met een zon tussen zijn hoorns. De farao, de stier Apis en de god Ptah vormden in Egypte een heilige drie-eenheid. Als de heilige stier stierf, werd hij gemummificeerd en met veel ceremonieel in een kolossale sarcofaag in een eigen grafkelder bijgezet. Priesters gingen vervolgens op zoek naar een nieuw stierkalf met de juiste kleur en aftekening en deze werd bij nieuwe maan in een met goud afgezette boot naar Memphis gevaren. Daar nam de nieuwe Apis (samen met zijn moeder) met veel ceremonieel intrek in de riante vertrekken van zijn tempel.

▶ Grafschildering van de heilige stier Apis, een god die in Egypte gedurende een periode van ongeveer drieduizend jaar is vereerd.

Naast de stier Apis werd in Egypte ook de godin Hathor vereerd. Deze hemelgodin werd afgebeeld als een koe of als een vrouw met koeienhoofd. De melkweg en alle sterren zouden zijn ontstaan uit gemorste melk uit haar uier.

▶ Farao Amenhotep II als kind. De toekomstige farao laaft zich aan de tepels van de godin Hathor om deelgenoot te worden van haar goddelijke krachten. Geverfde zandsteen uit de tempel van Tuthmosis III (1479-1425 v.Chr.) in Deir al-Bahari.

Het gouden kalf

In de oudtestamentische her-
derscultuur speelden runderen
een belangrijke rol als voedsel,
statussymbool en offerdier.
Het joodse volk moest echter
niets hebben van de runderverering die ze tijdens hun
ballingschap in Egypte hadden
waargenomen, hoewel... 'Toen
het volk zag, dat Mozes ver-
toog van den berg af te komen,
zoo verzamelde zich het volk
tot Aäron, en zij zeiden tot
hem: Sta op, maak ons goden,
die voor ons aangezicht gaan;
want dezen Mozes, dien man;
die ons uit Egypteland uitgevoerd heeft, wij weten niet,
wat hem geschied zij.

Aäron nu zeide tot hen: Rukt af
de gouden oorsierselen, die in
de ooren uwer vrouwen, uwer
zonen, en uwer dochteren zijn;
en brengt ze tot mij. Toen rukte
het gansche volk de gouden
oorsierselen af, die in hun
ooren waren; en zij brachten
ze tot Aäron. En hij nam ze uit
hunne hand, en hij bewierp
het met eene griffie, en hij
maakte een gegoten kalf daar-
uit. Toen zeiden zij: Dit zijn uwe
goden, Israël, die u uit Egypteland opgevoerd hebben!'
(*Exodus* 32: 1-4)

▶ Nicolas Poussin, *De verering van
het gouden kalf* (1695).

Europa en Pasiphaë

In de Griekse mythologie was van de oppergod Zeus algemeen bekend dat hij erg op vrouwen was gesteld. Zo viel zijn oog eens op de mooie maagd Europa, een dochter van de koning van Phoenicië, en hij besloot haar in de gedaante van een stier te verleiden. Toen Europa op een mooie dag met haar vriendinnen bloemen aan het plukken was in een weiland, zag zij een prachtige, maar haar onbekende witte stier liggen in de kudde van haar vader. Ze liep op de stier af, ging op zijn rug zitten en versierde hem met een bloemenkrans. Plotseling sprong de stier op en dook met haar de zee in die grensde aan het weiland. Zwemmend ging hij met de tegenstribbelende maagd op zijn rug naar het eiland Kreta, alwaar hij de liefde met haar bedreef. Zij werd zwanger en baarde Minos, de later legendarische koning van Kreta.

De vrouw van koning Minos, Pasiphaë, werd hopeloos verliefd op een prachtige witte stier en wenste met hem de liefde te bedrijven. Om deze wens in vervulling te kunnen brengen, maakte Daedalus, de befaamde ingenieur van koning Minos, voor haar een koe van hout. Pasiphaë verstopte zich daarin en wist zo haar geliefde stier te verleiden. Ze werd door de witte stier gedekt, werd zwanger en baarde Minotaurus, een wezen met het lichaam van een mens en de kop van een stier. Om de hem aangedane schande te verbergen, liet de koning Daedalus een ondergronds labyrint bouwen, waarin hij Minotaurus opsloot.

◀ *De roof van Europa*, Johann Heinrich Tischbein (1780).

▶ Daedalus toont Pasiphaë de houten koe die hij voor haar gemaakt heeft. Een muurschildering uit het huis van de Vettii in Pompeii.

Mithras

Voordat de Romeinen zich in de vierde eeuw tot het christendom bekeerden, waren zij een paar eeuwen in de ban van een godsdienst die was gebaseerd op de uit Perzië afkomstige mythe van Mithras. Van de zonnegod Mithras gaat het verhaal dat hij van de Allerhoogste de opdracht krijgt een stier te vangen en te doden. Als hij een mooie witte stier ontwaart die rustig loopt te grazen, bespringt hij hem en vindt er een uitputtend gevecht plaats. Na een wilde rit op de rug van de stier lukt het Mithras uiteindelijk hem te bedwingen, waarna hij de kolossale stier over een lange afstand naar zijn ondergrondse grot sleept. Daar doodt hij de stier en dan gebeurt er een wonder. De wervels van de gedode stier veranderen in een golvend graanveld, het bloed in druiven en wijn, terwijl het zaad dat door een beet van een schorpioen uit zijn testikels stroomt de voor de mens nuttige dieren voortbrengt. Volgelingen van Mithras bouwden ondergrondse tempels, waarin zich op de achtermuur een schildering bevond van Mithras die de stier doodde.

▶ Wandschildering in een mithraeum uit de derde eeuw na Chr. met Mithras die de witte stier met een dolk doodt.

◀ Een Romeins beeld uit de tweede eeuw na Chr. van Mithras en de stier, waarop ook de schorpioen die de testikels van de stier aanvalt is te zien.

Heilige Brigitta

De rooms-katholieke heilige Brigitta werd in 453 in Ierland geboren. Zij is patrones van het rundvee en daarin de opvolgster van de Keltische godin Brigit, de godin van de landbouw en veehouderij. De heilige Brigitta wordt (werd) aangeroepen bij alles wat maar met rundvee te maken heeft. Zo heeft zij het 'mirakel van Werm' op haar naam staan, dat zich afspeelde ten tijde van de grote veepest. In 1740 bracht een grote menigte tot wanhoop gedreven boeren hun koeien naar de kerk van Werm, waar zich een beeld van de heilige Brigitta bevond. De pastoor zegende de runderen en schreef later met enige trots: 'en de benedictie daarover gegeven zijnde, de ziekte opgehouden heeft ten allen kanten en op alle dorpen, en zijn hier in ons dorp niet één gestorven'.
Op de naamdag van de heilige Brigitta (1 februari) worden her en der nog altijd landbouwhuisdieren gezegend.

▶ Op de naamdag van de heilige Brigitta zegent de pastoor van het Zuid-Limburgse dorp Itteren een dikbil door hem te besprenkelen met wijwater.

◀ Een beeldje van de heilige Brigitta met rund.

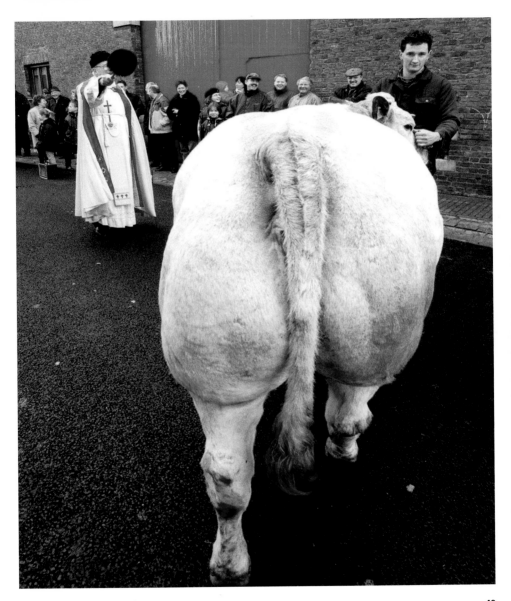

Nandi

De hindoegod Shiva, met zijn vernietigende derde oog en z'n eeuwige erectie, is een van de belangrijkste goden in India. Shiva wordt altijd afgebeeld met zijn rijdier Nandi, de grote witte stier. Voor elke tempel of schrijn gewijd aan Shiva staat een beeld van een (meestal liggende) Nandi, wakend over zijn meester. Nandi symboliseert de kracht en seksuele potentie van zijn meester. Vrouwen die graag een kind willen, strelen de testikels van Nandi wanneer ze een tempel betreden. In India heeft de stiercultus echter plaatsgemaakt voor de cultus van de melkgevende koe. Dat neemt niet weg dat stieren (en ossen) in India ook heilig zijn en evenals koeien niet geslacht en gegeten worden.

◄ Poster van Shiva en zijn gemalin Parvati op hun rijdier, de witte stier Nandi.

▶ Vrouwen aanbidden het meer dan levensgrote beeld van een Nandi in de Shiva-tempel van Jaipur.

Krishna

Het verhaal van de geboorte van Krishna, als achtste nederdaling van de god Vishnoe, vertoont veel gelijkenissen met die van Christus. Krishna bracht zijn jeugd door tussen veehouders en is daardoor veel van koeien gaan houden, maar – niets menselijks is Indiase goden vreemd – vooral ook van herderinnetjes (*gopis*). De fluitspelende Krishna wordt daarom altijd afgebeeld met koeien en herderinnetjes. De vele Indiase tempels die gewijd zijn aan Krishna beschikken meestal over een koeienstal, waar de gelovigen de koeien kunnen aanbidden en voeren. De gulle geefster van melk wordt in India 'moeder koe' genoemd, omdat ze de mensheid voedt. De koe staat symbool voor al het leven op aarde en het verbod op het doden van de koe – je eet je moeder toch niet op? – is voor hindoes de belangrijkste uitdrukking van geweldloosheid (*ahimsa*).

▶ Krishna als ondeugend kind.

Voorouderverering

De Mahafaly en Antandroy
in het droge zuiden van het
eiland Madagascar houden
grote kudden vee. Vee betekent
vooral status, maar biedt ook
zekerheid voor een goede
begrafenis. Als een veehouder
komt te overlijden worden
al zijn ossen opgeofferd aan
begrafenisrituelen en het
bouwen van een kolossaal graf.
Een deel van de ossen wordt
geslacht om de vele bezoekers
royaal te voeden, maar de
meeste ossen worden als loon
uitbetaald aan de bouwers van
het graf en aan de kunstenaar
die de grafpalen (alo-alo's)
moet maken. Op veel grafpalen
staan zeboes afgebeeld. Naast
grafpalen worden de graven
getooid met de schedels van
de ossen die geslacht zijn
tijdens de begrafenisrituelen.
De rijkdom van de overledene
is af te lezen aan het aantal
schedels en grafpalen op zijn
graf. De overledene krijgt
hierdoor een goede positie in
het hiernamaals en daar zullen
zijn nabestaanden uiteraard
van profiteren.

Dramatiek

Vee in de kerk (1832), een 2 × 3 meter groot schilderij van James de Rijk uit de Oostrijderkerk van Zaandam.

Tijdens de watersnood van 1825 werd het vee in deze kerk gestald omdat het de hoogste (en droogste) plaats was in de omgeving. De recentste Nederlandse watersnood, die van 1953 in Zeeland, kostte aan twintigduizend runderen het leven. Vele dieren verdronken vastgebonden in hun stal.

VEEPEST

Gods slaande hand over Neder-land (1745), een gravure van Jan Smit. Hoog bezoek aan de door veepest getroffen boeren; op meerdere plaatsen zijn kuilen gegraven om de door de bacterie gevelde dieren te begraven. Het bijschrift van deze prent liegt er niet om: 'O, gij Landlieden van Neder-land, die leevende bij de bees-ten, somtijds meer beestelijk dan menschelijk leeft: als uwe Ossen maar groeijen en uwe Koeijen veel melk geeven zo bekommert gij u nergens over; en in plaats van God in de Kerk daar voor te loven zo verspilt gij dien kostelijken tijd in Kroegen en Herbergen, met vloeken, zuipen en zwelgen. God zegt tot ons met de woorden van Jeremia: het is uwe boosheid waarom de beesten vergaan.'

In de achttiende eeuw werd de Europese rundveestapel meerdere malen geteisterd door de veepest. Nederland werd drie keer getroffen: van 1713-1723, 1744-1756 en 1766-1786. De bacterie velde ruim tweederde van de Nederlandse rundveestapel.

Politiek

Je hebt twee koeien

Feodalisme: Je hebt twee koeien. De landheer neemt een deel van de melk.

Socialisme: Je hebt twee koeien. De overheid doet ze in een gemeenschappelijke stal. Je moet voor andermans koeien zorgen. Je krijgt zoveel melk als je nodig hebt.

Bureaucratisch socialisme: Je hebt twee koeien. De overheid doet ze in een gemeenschappelijke stal. Ze worden verzorgd door kippenhouders. Jij moet op de kippen passen. Je krijgt zoveel melk en eieren als de voorschriften bepalen.

Kapitalisme: Je hebt twee koeien. Je verkoopt er een van en je koopt een stier.

Dictatuur: Je hebt twee koeien. De overheid neemt ze allebei en schiet je dood.

Anarchie: Je hebt twee koeien. Je verkoopt je eigen melk op een gemeenschappelijke markt tegen een redelijke prijs. De buren stelen ongestraft je koeien.

Bureaucratie: Je hebt twee koeien. Eerst bepaalt de overheid wat je ze moet voeren. Daarna word je ervoor betaald ze niet te melken. Vervolgens wordt één geslacht. De melk van de andere wordt vernietigd. Ten slotte moet je formulieren invullen om de verdwenen koe te verantwoorden.

Engelse democratie: Je hebt twee koeien. Je voert ze schapenhersenen en ze worden gek. De overheid doet niets.

▶ Een wervende affiche uit de jaren zestig van de Pacifistisch Socialistische Partij (de PSP, later opgegaan in Groen Links).

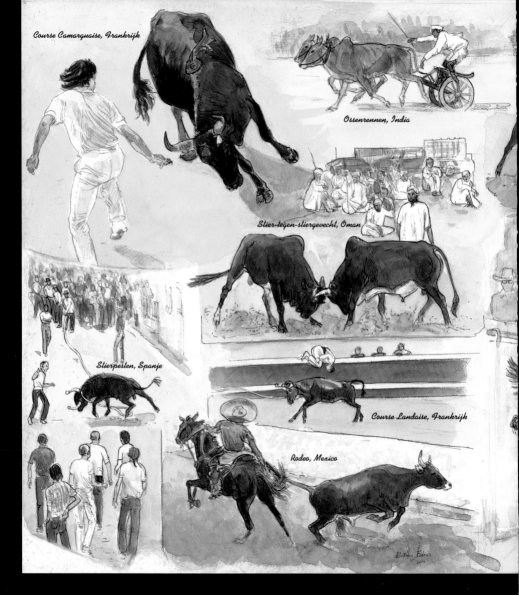

Course Camarguaise, Frankrijk

Ossenrennen, India

Stier-tegen-stiergevecht, Oman

Stierpesten, Spanje

Course Landaise, Frankrijk

Rodeo, Mexico

3

Ossentrekwedstrijd, Canada

...-tegen-koegevecht, Zwitserland

Rodeo, Verenigde Staten

Sport of vermaak?

'Niet zelden hebben daarbij belagchelijke toonelen plaats, vooral bij de eerstbeginnenden en kost het wel wat gescheurde kleederen, broeken en allerzotste buitelingen, die zelden gevaarlijk zijn.'

G. Hengeveld, *Rundvee*, 1865

Course Camarguaise

In de Zuid-Franse Camargue bevindt zich een honderdtal bedrijven waar men Camarguerunderen fokt. De stieren worden ingezet voor de Course Camarguaise, waarvan er in de regio jaarlijks ongeveer zevenhonderd worden georganiseerd.

Voor een wedstrijd worden acht stieren en/of ossen ingezet, elk met een speeltijd van een kwartier. Voordat een stier of os de arena betreedt, wordt hij voorzien van een 'cocarde', een rood rozetje dat met een touwtje tussen de hoorns wordt gespannen, en twee 'glands' (kwastjes) aan weerszijden van de hoorns. Op deze attributen wordt door de plaatselijke middenstand een (hoge) prijs gezet. In smetteloos wit gestoken atleten ('raseteurs') moeten met behulp van een klein harkje het rozetje en de kwastjes proberen te bemachtigen. Het is een gevaarlijk spel en de behendige 'raseteurs' worden door de razendsnelle stieren geregeld tot een zweefvlucht over de omheining gedwongen of op de hoorns genomen, maar de stieren verlaten altijd ongeschonden de arena.

▶ De 'raseteur' probeert de 'cocarde', een rood rozetje tussen de hoorns van de Camarguestier, te bemachtigen.

◀ Een zegel uit Kreta uit ongeveer 1500 v.Chr.

Course Landaise

In Les Landes, in het zuid-westen van Frankrijk, worden jaarlijks in een honderdtal arena's ruim achthonderd voorstellingen gegeven van de Course Landaise. De Course Landaise is een (voor de spelers) gevaarlijk spel met koeien. De koeien behoren merendeels tot het vechtlustige Spaanse Lidiavee. Er zijn twee soorten spelers: de 'écarteurs' en de 'sauteurs'.

De 'écarteur' laat een aan-stormende koe recht op zich afkomen, om vervolgens op het allerlaatste moment een slag te draaien, zodat hij niet op de hoorns wordt genomen. Een 'sauteur' maakt met samengebonden knieën een hurksprong of een koprol over de aanstormende koe of maakt een sierlijke zweefduik (de 'engelensprong') over de koe. Om ongelukken zoveel

mogelijk te voorkomen, wor-den de koeien aan een lang touw gehouden en worden de hoorns omwachteld. Toch vallen er geregeld slachtoffers.

▶ De 'engelensprong'.

▼ Salto over een stier. Een wand-schildering uit de vijftiende eeuw v.Chr. uit het Minoïsch paleis van Knossos op Kreta.

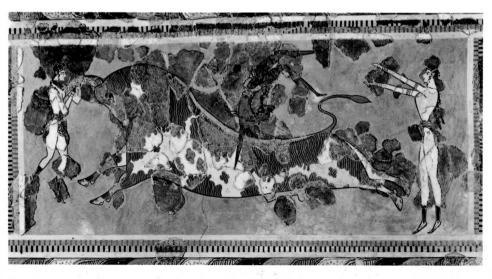

Ruggenloop

Bij de Hamar en Karo in Zuid-
west-Ethiopië moeten jongens
een test afleggen om door
te mogen gaan voor een volwassen man. Voor deze ini-
tiatie moeten de met boter en
koemest ingesmeerde jongens
over de ruggen lopen van een
tien- tot twintigtal runderen.
De dieren staan zij aan zij in
een lange rij en worden aan
de hoorns en de staarten vast-
gehouden. Als een jongen vier
keer met zo groot mogelijke
stappen en zonder te vallen
over de ruggen heeft weten
te lopen, mag hij zich een
man noemen. Als het hem
niet lukt, is hoongelach van de
toekijkende meisjes zijn deel.

▶ Ruggenloop in je blootje.

Koe-tegen-koegevechten

In de bergen van Wallis (Zwitserland) worden jaarlijks koegevechten ('Combats de Reines' of 'Kuhkämpfe') georganiseerd. De koeien die hiervoor worden gebruikt behoren tot het melkveeras Hérens, maar zijn eeuwenlang ook sterk geselecteerd op vechtlust. Ze zijn klein, maar zwaar gebouwd en zwart of kastanjebruin van kleur. Jaarlijks worden zes regionale wedstrijden georganiseerd, elk met honderd à tweehonderd koeien, in vijf verschillende zwaartecategorieën. De dieren worden tegenover elkaar geplaatst en gaan dan een gevecht aan, dat soms maar een paar seconden, maar meestal wel een kwartier of langer duurt. De koe die zich uiteindelijk omdraait en vertrekt, toont zich de mindere en is dus de verliezer. De winnaars worden vervolgens weer tegenover elkaar geplaatst, totdat uiteindelijk voor elke categorie de regionale koningin is vastgesteld. Die koeien mogen deelnemen aan de kantonale eindwedstrijd in Aproz, waar de uiteindelijke winnares de felbegeerde titel 'Reine des Reines' krijgt.

Ook in Italië, in het aan Wallis grenzende Aosta, worden koe-tegen-koegevechten gehouden en wordt daar 'Battaglia delle regine' genoemd.

▶ Koe-tegen-koegevechten zijn normale gevechten tussen koeien om de rangorde binnen een kudde te bepalen (wie staat er hoger dan wie), maar bij dit Hérensvee is de vechtlust door selectie extra sterk ontwikkeld.

Stier-tegen-stiergevechten

In veel Aziatische landen worden stierengevechten gehouden, waarbij twee stieren een rangordegevecht aangaan. In Japan past het stierengevecht, de togyu, in de sumotraditie. De zwarte Japanse stieren wegen soms meer dan duizend kilo en betreden de ring in een mooi gewaad. Een gevecht duurt net zo lang tot een van de stieren het opgeeft en zich de mindere toont, meestal na tien tot dertig minuten. De dieren worden aangemoedigd door de eigenaren en het publiek, maar mogen niet worden aangeraakt. Een scheidsrechter, de seko, heeft de leiding.

De stier-tegen-stiergevechten worden op verschillende plaatsen en meerdere keren per jaar georganiseerd. Op één dag verschijnen er ongeveer twintig stieren in de ring.
In veel Aziatische landen zijn ook gevechten van waterbuffelstieren zeer populair.

▶ Een Zuid-Koreaanse stier (rechts) komt in een vriendschappelijke wedstrijd in Chongdo (Zuid-Korea) uit tegen een Japanse stier (links). De eigenaren moedigen hun dieren aan.

▼ Buffelgevecht op Sulawesi.

Ossentrekwedstrijden

In Amerika wordt het eeuwen-oude gebruik van trekossen door een klein aantal boeren nog als hobby voortgezet. Op veel plaatsen in de Verenigde Staten en Canada worden jaarlijks wedstrijden 'ox pull-ing' gehouden, waarvoor ossen het hele jaar door worden getraind. In Nova Scotia (Canada) gaat het bij die wed-strijden om het maximale gewicht (tot wel 5000 kilo of meer) dat een ossenpaar kan trekken over een afstand van drie meter, terwijl het in de Verenigde Staten gaat om de afstand die een ossenspan met een gewicht van ongeveer 1500 kilo in drie of vijf minuten (afhankelijk van de gewichts-klasse van de ossen) kan ver-plaatsen.

Op het eiland Guadeloupe worden eveneens ossentrek-wedstrijden georganiseerd. De ossen moeten daar een zware vracht de helling op-slepen. Om de onderlinge band te versterken, krijgen de ossen urine van hun baas te drinken.

▶ 'Ox pulling' in Nova Scotia (Canada).

▼ Ossentrekwedstrijd in Guadeloupe.

Ossenrennen

In Punjab (Noordwest-India) worden in veel dorpen ossenrennen georganiseerd, waarbij een ossenspan voor een tweewielig wagentje (met menner) een afstand van duizend meter moet afleggen. De ossen zijn van het slanke zeboeras Nagori, een Indiaas trekras dat al eeuwenlang op snelheid is geselecteerd.

Aan een wedstrijd doen een twintig- tot dertigtal ossenparen mee. Vlak voor de wedstrijd ontdoen de eigenaren de ossen van hun kleurrijke kleden en geven de dieren nog een flinke scheut rum. Nadat een Sikhpriester enkele gebeden heeft uitgesproken, worden de eerste twee ossenparen aangespannen. Na het startsein rennen ze als paarden, aangevuurd door de menners en het publiek. Bij de finish is het de stopwatch die de tijd bepaalt. Er worden snelheden tot wel 55 kilometer per uur gehaald.

▶ Stierenraces omgeven door een wolk van goudpoeder in de Indiase staat Maharashtra.

▼ Stierenraces in de Noord-Indiase plaats Anandpur Sahib. Deze zeboestieren behoren tot het ras Nagori, een trekras dat speciaal op snelheid is gefokt.

Stierworstelen

De laatste dag van de jaarlijkse 'Pongol' (oogstfeest) in Tamil Nadu (India) is de dag van de 'Jallikattu', het stierworstelen, waarbij jongelui hun krachten meten met een stier. Van de vierhonderd plaatsen in Tamil Nadu waar dit stierworstelen plaatsvindt is die in Alanganallur (bij Madurai) het grootste, bloedigste en populairst met zo'n zeshonderd stieren, zeshonderd vechters en duizenden toeschouwers. Nadat de stieren door een priester zijn gezegend, worden ze met tussenpauzes van enkele minuten een voor een vanuit een omheinde ruimte bij de tempel losgelaten. De jongeman die zich over een afstand van tien meter aan de bult van de zeboestier weet vast te houden, is winnaar.

Hij krijgt het geldbedrag dat zich in een zakje bevindt tussen de hoorns van de stier. Is er niemand die de stier weet te bedwingen, dan is de prijs (en de eer) voor de eigenaar van de stier. Elk jaar vallen er vele gewonden en zelfs doden (ook onder het publiek), maar de stieren blijven ongedeerd. Er is in India veel kritiek op deze spelen.

Madurese stierenraces

Al sinds eeuwen worden op het Indonesische eiland Madura elk jaar stierenraces ('kerapan sapi') georganiseerd, eerst op dorps- en vervolgens op districtsniveau. De winnaars van de drie districten (in totaal twaalf paar stieren) komen op een zondag in oktober tegen elkaar uit tijdens de grote finale in het stadion van de hoofdstad Pamekasan. De rennen vinden plaats in paren, dat wil zeggen dat twee tweespannen met elkaar de strijd aangaan op een recht parcours van 130 meter. Elk paar stieren trekt een licht sleetje met daarop een jongen, die zich vasthoudt aan de staarten van de twee stieren. Ook houdt hij in beide handen een knuppel met scherpe punten waarmee hij de dieren (soms tot bloedens toe) aanmoedigt. De stieren ontwikkelen een snelheid van 50-60 kilometer per uur. De eigenaren van de winnende stieren genieten in de Madurese gemeenschap veel aanzien en de waarde van hun stieren kan wel tot het tienvoudige stijgen. Er worden grote prijzen uitgereikt, maar de roemruchte openbare weddenschappen zijn sinds kort verboden.

▶ Stierenrennen in het stadion van Pamekasan, de hoofdstad van Madura.

Stierendressuur

Op het Indonesische eiland Bali werden vroeger in veel dorpen wedstrijden gehouden, de 'sapi gerumbungan', waarbij het niet zozeer ging om de snelheid van de stieren, maar vooral om hoe mooi ze liepen en hoe mooi ze waren opgetuigd. Het waren dus geen races, maar wedstrijden in schoonheid en dressuur. Dit eeuwenoude evenement was geleidelijk aan in onbruik geraakt, maar is sinds 2000 weer in ere hersteld. Op Onafhankelijkheidsdag (17 augustus) kan men in een van de dorpen bij Lovina Beach (Noord-Bali) weer

getuige zijn van dit prachtige spektakel, waaraan een dertigtal stierenparen deelneemt. De twee stieren, die een sleetje (waarmee vroeger de rijstschoven werden vervoerd) en een menner trekken, zijn fraai opgetuigd en hebben gigantische houten bellen om hun nek, die bij het draven klinken als een gamelan. De stieren draven als paarden, met de koppen in de nek en – heel belangrijk – de staarten omhoog. Bij het bepalen van de winnaar let men op de tuigage, de gang, het geluid van de bellen e.d.

Buffelrennen

In enkele dorpjes rond het stadje Negara, op West-Bali (Indonesië), worden in de periode van juli tot november om de veertien dagen op zondag buffelrennen ('makepung') gehouden. Er doen ruim honderd paren mooi versierde karbouwen met lichte karretjes, waarop een menner (met knuppel), aan mee. Een smal, 1500 meter lang zandpad met een paar scherpe bochten en twee greppels aan weerszijden dient als renbaan. Om de paar minuten starten er gelijktijdig drie karbouwenparen met een onderlinge afstand van vijf meter. De menners proberen op hun concurrenten in te lopen of in te halen, om daarmee een hogere plaats in het klassement te behalen. Hoe hoger je klimt, hoe meer je buffels waard worden, een waarde die varieert van zo'n zeshonderd tot wel zesduizend euro per buffel. Er worden snelheden van 60-70 kilometer per uur gehaald, maar de karbouwen worden soms tot bloedens toe geslagen. De finale, de Governors Cup, is in november.

Feest van het bloed

Elk jaar wordt er op 29 juli in het kleine Peruaanse dorpje Cotabambas, hoog in het Andesgebergte, een uniek feest gevierd: de 'yawar fiësta' of feest van het bloed. Een condor, het symbool van de berggoden en daarmee van de onafhankelijkheid van de Inca's, wordt daarbij op de rug gebonden van een stier. De stier, een 'zoon van Spanje', staat symbool voor de Spaanse bezetter, terwijl de grote gier met de machtige stier in zijn klauwen de overwinning op drie eeuwen Spaanse overheersing symboliseert.

Op de dag van het grote feest is de 'plaza de armas' tot een arena omgebouwd. Daarin wordt een jonge stier losgelaten en vervolgens gevangen en door enkele mannen in bedwang gehouden. Dan naait men met een houten naald een paar stukken touw in de huid van de beide flanken van de stier en bindt daarmee de condor op de stier vast.

De angstige condor gaat met zijn vleugels slaan, terwijl hij zijn klauwen diep in de huid zet. Z'n dodelijke snavel is dichtgebonden (vroeger niet, zodat hij de stier tot dodens toe kon verwonden). De stier wordt wild en zet het op een lopen. Na een 'strijd' van ongeveer een kwartier wordt de condor van de stier gehaald. Met een vaandel om zijn nek herkrijgt hij zijn vrijheid. De stier wordt geslacht en opgegeten.

▶ De stier, een 'zoon van Spanje', wordt door de condor, de 'god van de Andes', vernederd en overwonnen.

◀ Na de strijd herkrijgt de grote gier, uitgedost met een vaandel, de onmetelijke vrijheid van de Andes.

Steer wrestling

Rodeo is een populaire Amerikaanse sport die zich aan het einde van de negentiende eeuw heeft ontwikkeld uit de traditionele werkzaamheden van de cowboys op hun ranches. Er worden jaarlijks vele honderden rodeo-evenementen georganiseerd, waarmee met geldprijzen de mythe van het 'wilde westen' levend wordt gehouden. De vier vormen van rodeo waar runderen aan te pas komen zijn 'calf roping', 'team roping', 'steer wrestling' en 'bull riding'. 'Steer wrestling' wordt door twee cowboys te paard uitgevoerd. De een zorgt ervoor dat de ingesloten stier in een rechte lijn blijft rennen, terwijl de ander zich vanuit het zadel over de jonge stier buigt, zijn hoorns grijpt en zich van zijn paard laat vallen. Met zijn hakken in het zand brengt hij de stier tot stilstand en legt hem al worstelend op de grond, met alle vier poten in één richting.

▶ 'Steer wrestling'.

▼ Een van de twee cowboys laat zich van zijn paard vallen en grijpt de jonge stier bij zijn hoorns.

Bull riding

'Bull riding' is het gevaarlijkste onderdeel en daarmee tevens de climax van een Amerikaanse rodeo. Wanneer de stier in een box, 'de shute', naast de arena is gedreven, doet de 'bull rider' een touw met een bel eraan om de borst van de stier. Daaraan moet hij zich met één hand zien vast te houden gedurende de acht seconden die hij op de stier moet zien te blijven. Vlak voor de achterhand van de stier wordt een boktouw gebonden, niet te strak en niet om de balzak zoals vaak wordt gedacht. Het boktouw irriteert zodat de stier tijdens het bokken ook spectaculair hard achteruit gaat slaan. Wanneer het hek openzwaait en de stier uit de 'shute' springt rennen ook twee min of meer als clowns verklede 'bull fighters' mee de arena in. Zodra de 'bull rider' van de stier wordt gebokt, of er na 8 seconden afspringt, springen de 'bull fighters' voor de stier om hem weg te lokken van de 'bull rider'. Regelmatig blijft een 'bull rider' aan het borsttouw vastzitten en moet hij door een 'bull fighter' van de bokkende stier worden losgemaakt. Deze 'bull fighters' lopen dan ook het grootste gevaar bij deze sport. Bokstieren worden speciaal voor dit doel gefokt en voeren altijd wat zeboebloed. Goede 'bucking bulls' (bokstieren) zijn een vermogen waard.

▶ Bij 'bull riding' probeert een cowboy langer dan acht seconden op een bokkende stier te blijven zitten.

Spaans stierengevecht (1)

Een stierengevecht ('corrida de toros') bestaat uit zes gevechten van elk ongeveer een kwartier. Meestal zijn er voor een voorstelling drie 'matadores' (stierenvechters), die elk twee stieren voor hun rekening nemen. De vechtstieren behoren tot het ras Lidia.
Als de stier na de openings-ceremonie de arena of 'plaza de Toros', binnenrent wordt hij door drie 'banderilleros' (helpers) of hun baas, de 'matador' (de 'torero' of stierenvechter die de stier mag doden) met hun 'capas' (mantels) uitge-daagd, teneinde de stier goed te bestuderen. Vervolgens leidt de 'matador' met zijn grote roze-gele mantel de stier, waarbij de belangrijkste beweging, de 'veronica', wordt uitgevoerd. Daarna komen de 'picadores' (prikkers) op hun geblinddoekte en in 'peto' (beschermende matrassen) gestoken paarden de arena binnen. Als de stier een paard aanvalt, steekt de 'picador' een lans in de nek van

de stier met als doel de nek-spier te verzwakken, zodat de stier zijn hoofd niet meer geheven ('levantado') maar laag ('parado') houdt en makkelijker te doden is.

Dan dagen drie 'banderilleros' ieder op hun beurt de stier uit om hen aan te vallen. In hun handen hebben ze twee 70 centimeter lange, versierde stokken ('banderillas') die voorzien zijn van een weerhaak. Op het moment dat de stier hen op de hoorns dreigt te nemen, springen ze omhoog, planten de 'banderillas' over zijn hoofd heen in zijn schouders en draaien in dezelfde beweging van hem weg.

◄ Een 'banderillo' springt omhoog om de 'banderillas' in de schouder van de aanstormende stier te planten.

▼ De 'matador' met zwaard en 'muleta' probeert nog enkele fraaie bewegingen aan de sterk verzwakte stier te ontlokken.

Spaans stierengevecht (2)

De 'matador' probeert vervolgens aan de verzwakte stier zoveel mogelijk fraaie bewegingen te ontlokken met zijn 'muleta'. Deze rode lap aan een stok houdt hij in de linkerhand, terwijl hij in de rechterhand zijn zwaard hanteert. Wanneer de 'pinchona' (doodsteek) 'recibiendo' (ontvangend) plaatsvindt, lokt de 'matador' de stier met zijn laaggehouden doek, zodat hij over diens hoofd heen door de nek kan steken, gebruikmakend van de kracht van het dier zelf. Maar als de stier niet meer in staat of van zins is om aan te vallen, moet de 'matador' lopend zijn eigen gewicht achter de stoot plaatsen ('volapie') en het dier in één stoot doden, wat lang niet altijd lukt. En vaak is het een combinatie van die twee. Als het gevecht erg goed is geweest, kan het publiek de president vragen om een oor (en soms ook de staartpluim) van de gedode stier aan de 'torero' toe te kennen. Bij grote uitzondering verlaat een uitzonderlijk presterende stier de arena levend om als fokstier te worden ingezet. Jaarlijks vinden in Spanje dertigduizend vechtstieren de dood.

▶ Soms gaat het mis en is de stierenvechter het slachtoffer.

▼ De doodsteek of 'pinchona'.

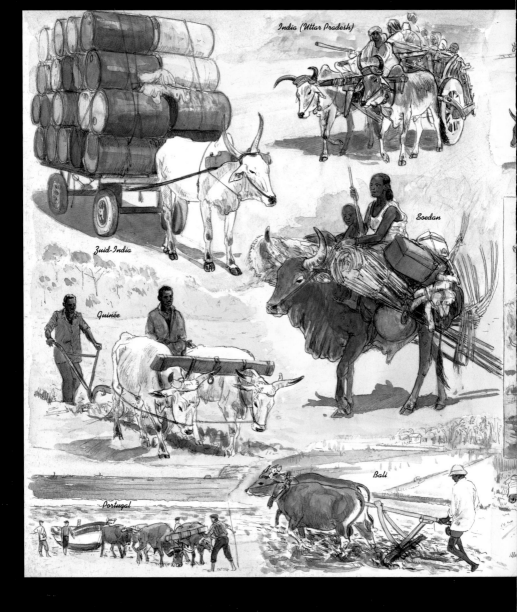

India (Uttar Pradesh)

Zuid-India

Soedan

Guinée

Portugal

Bali

Australië (1920)

Madagaskar

Baskenland (1930)

Florida (1910)

Duitsland (1940)

Egypte

Werken voor de kost

Die os

'Hoe rustig stap hij aan
die edel jukgediert!
Hoe waggel hij die kop
met horings swaar gesierd
en stevig ingestrop!'

Jacob Daniël du Toit (Zuid-Afrika)

De oerploeg

Het is ongeveer tienduizend jaar geleden dat mensen zich voor het eerst bezig gingen houden met akkerbouw en veehouderij. Voor het bewerken van de grond gebruikte men een graafstok. Dat was zwaar werk en bracht mensen in het Midden-Oosten op het idee om er een rund voor te zetten. Zo ontstond het eergetouw dat de grond scheurde zonder de zode te keren. Hieruit heeft zich geleidelijk aan de ploeg ontwikkeld. Dankzij de trekkracht van het rund werd het mogelijk veel meer land te bewerken dan voor eigen levensonderhoud noodzakelijk was. Hierdoor kwamen er mensen vrij voor andere, gespecialiseerde beroepen en heeft zich een stedelijke cultuur kunnen ontwikkelen.

In de eerste millennia van de landbouwende mens is de uitvinding om koeien en stieren (en later vooral ossen) als trekdier te gebruiken van veel groter belang geweest dan zijn vlees-, leer- en melkproductie.

▲ Bovenaanzicht van langhoornige ossen voor een ploeg met drijver. Rotsgravure uit de Vallée des Merveilles (Alpes Maritimes, Frankrijk) van 2500-1800 v.Chr.

▲ Een Egyptische ploegscène uit het dodenboek van Heriuben van ongeveer 1000 v.Chr. De ploeg wordt getrokken door een langhoornige, zwartbonte koe en gevolgd door een zaaiende vrouw.

Voor de ploeg

Gedurende duizenden jaren zijn het ossen geweest die de akkers van Europa, Noord-Afrika en Azië bewerkten. Ook nadat het paard was gedomesticeerd (3500 v.Chr.) bleef in de meeste landen ossentractie van veel groter belang voor de landbouw dan paardentractie. Een span ossen kon op een dag een oppervlakte van ongeveer 35 are ploegen. Nederland telde rond 1870 nog ruim tienduizend trekossen, maar een land als Frankrijk telde er in 1940 nog een miljoen. Vanaf 1950 hebben in de meeste westerse landen tractoren het werk van ossen (en paarden) overgenomen.

In veel derdewereldlanden zijn ossen ook nu nog de belangrijkste krachtbron. Azië heeft een lange traditie van ossentractie, maar in Afrika ten zuiden van de Sahara en in Zuid-Amerika is ossentrekkracht veel later (door de koloniserende mogendheden) geïntroduceerd.

▶ Ploegen in de Andes.

▼ Ploegen (en zaaien) in India.

Zesspan

'De herders zetten ze niet tot werken aan door pijnigende lansen, maar bezigen slechts stokken zonder ijzeren punten. Zij noemen de dieren bij hunne namen en mennen ze door ze toe te spreken. Ook moedigen zij de dieren tot den arbeid aan door te zingen. De landbouwers van Poitevin hebben onder hunne ossendrijvers enkele zangers, en in Limousin zet men de ossen ook wel tot eten aan door gezang. Men noemt deze zangers noteurs, en indien zij ophouden met zingen, eindigen de ossen met hunnen maaltijd.'

G. Hengeveld, *Het Rundvee*, 1865

▼ *Labourage nivernais* (1848), een schilderij van Rosa Bonheur met twee ploegende zesspannen.

Voor de kar

Toen in het derde millennium v.Chr. het wiel werd uitgevonden, heeft het gebruik hiervan zich vanuit Mesopotamië over grote delen van de wereld verspreid. Het waren voornamelijk runderen die de karren en wagens moesten trekken. In veel landen zijn runderen door de eeuwen heen speciaal op trekkracht gefokt. De dieren werden geselecteerd op kracht, een korte en stevige nek, een geplooide huid en kossem en een zachtaardig karakter. Veel van de huidige Franse en Italiaanse vleesveerassen, zoals de Charolais en Marchigiana, waren vroeger trekrassen en zijn pas in de loop van de twintigste eeuw omgefokt tot vleesvee. Ook in Azië heeft men de zeboes eeuwenlang gefokt op trekkracht, snelheid en uithoudingsvermogen. Met name India kent veel hele goede trekrassen en die worden tot op de dag van vandaag nog op grote schaal gebruikt.

▶ Traditionele ossenkar met Hallikarossen in Zuid-India.

▼ Wandreliëf uit Nimrūd (Irak). Een deportatie tijdens het bewind van Teglaphalasser III (745-727 v.Chr.).

Kopjuk

Trekdieren worden zodanig aangespannen dat hun lichaamskracht optimaal wordt benut. Als aangrijpingspunt van de trekkracht kan worden gekozen voor de kop (kopjuk), de nek (nekjuk) of de schouder (schouderjuk).

Van het kop- of hoornjuk zijn twee varianten, waarbij het juk in beide gevallen aan de hoorns wordt bevestigd. Bij het meest voorkomende type wordt het juk vlak achter de hoorns op de kop geplaatst en met touwen of riemen aan de hoorns (en vaak ook nog aan een voorhoofdsband) bevestigd. Het andere, minder algemene kopjuk werd op het voorhoofd vóór de hoorns geplaatst. Het hoornjuk is eenvoudig in gebruik, omdat verder tuig gemist kan worden, maar heeft bij een dubbeljuk als nadeel dat de dieren weinig bewegingsvrijheid hebben. Kopjukken worden uit één stuk hout gesneden en op maat voor de betreffende dieren gemaakt. Dit type juk werd vroeger vooral in Midden- en Zuid-Europa op grote schaal gebruikt.

▶ Ossenpaar van het veeras Mirandesa met een dubbelhoornjuk (Noord-Portugal, 1991).

▼ Nederlands vee met enkeljukken (kopjukken) die aan de voorkant van de hoorns zijn bevestigd. De franje voorop de kop dient om de insecten te verjagen (1900).

Nekjuk

Het nek- of schoftjuk rust op het halsgedeelte van de schoft, van waaruit ook de kracht geleverd wordt. De dieren kunnen hun kop vrij bewegen. Het juk bestaat in zijn eenvoudigste vorm uit een houten balk met twee of vier naar beneden staande (houten) pinnen. Het hoeft niet op maat te worden gemaakt en kan dus door verschillende ossenspannen worden gebruikt. Dit type juk is tegenwoordig in Azië en Afrika het meest gangbaar. Zowel in Azië als in Afrika worden ossen 'gestuurd' door een neustouw, een touw dat door het neustussenschot is getrokken. Het neustussenschot moet daarvoor eerst worden doorboord. Een bit, zoals bij paarden, wordt bij runderen nooit gebruikt.

▶ Ossen met nekjuk en neustouw in Zuid-India.

▼ Criollo-zeboes voor typisch Zuid-Amerikaanse kar, Paraguay.

Schouderjuk

Het schouderjuk, ook wel haam of gareel genoemd, is afgeleid van het paardenjuk. Het ligt om de hals tegen de schouders, waar het ook zijn steunpunt heeft, en geeft de runderen de grootst mogelijke vrijheid van beweging van kop en hals. Doordat de haam van boven breed is en van binnen gevuld met paardenhaar, verdeelt de druk zich over een groot oppervlak. Bij het trekken van een kar plaatst men bovendien nog een zadelkussen op de rug van het dier, dat met een riem onder de buik wordt vastgemaakt. De bomen van de kar hangen in de lussen aan weerszijden van het zadelkussen. De haam is het meest diervriendelijke juk.

108

'Deze werkende dieren zijn een wezenlijk sieraad in het schilderachtige graafschap Devon. Een kleine jongen vergezelt den ploeger en zijn gespan, om de ossen te geleiden, terwijl hij voortdurend eene zachte en eenvoudige melodie zingt, waarvan de toonen langzamerhand klimmen. Van den ochtend tot den avond hoort men dit wonderlijke gezang, waarbij, van tijd tot tijd ook de ploeger zijne stem voegt, en de dieren schijnen werkelijk door deze muziek aangemoedigd te worden. Zij verrigten alzoo uren na elkander met lust hun werk, zonder dat hun bestuurder noch hun kleine geleider ze eenige andere aansporing behoeven te geven.'

G. Hengeveld, *Het Rundvee*, 1865

▲ Drie rode Sussex- of Devonossen met oogkleppen, elk met een afzonderlijk schouderjuk. Een olieverfschilderij van Daniel Clowes (1800).

◄ Een Criollo-os met haam voor een groentekar, een ansichtkaart uit het hedendaagse Cuba.

Gemuilkorfd

Werkende ossen worden vaak gemuilkorfd om te verhinderen dat ze van de landbouwgewassen vreten waartussen ze werken of om te voorkomen dat ze steeds stoppen om van het gras te vreten dat op of naast de akker groeit.

In de Mozaïsche wet is het muilkorven van ossen verboden. 'Eenen os zult gij niet muilbanden, als hij dorscht', valt te lezen in Deuteronomium 25:4. Het is hardwerkende ossen dus gegund om zo nu en dan even stil te staan om van het graan te eten. Deze wetgeving uit een ver verleden – toen er nog geen Partij voor de Dieren bestond – geldt merkwaardigerwijs niet voor ploegende ossen.

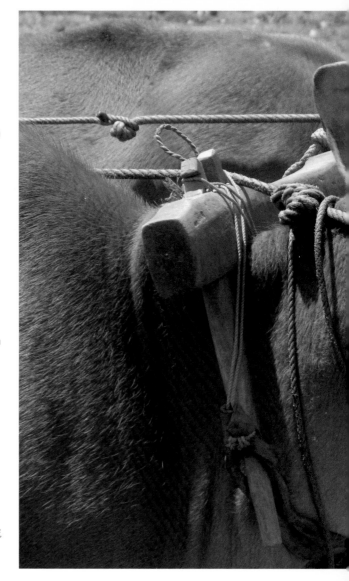

▶ Ploegende Balikoeien met muilkorf, houten koebel, neustouw en nekjuk (Bali).

Gecastreerd en beslagen

Stieren die niet voor de voort-
planting worden ingezet of bestemd zijn als trekvee worden
gecastreerd op een leeftijd van
twee jaar of ouder. Castratie
houdt in dat men de teelballen
verwijderd of de bloedtoevoer
er naar toe afbindt, zodat
het testisweefsel geleidelijk
afsterft. Een os produceert
geen zaadcellen meer, maar
ook geen geslachtshormonen,
waardoor de deklust verdwijnt
en daarmee ook de agressie.
Een os is veel zachtaardiger
en daardoor gemakkelijker in
de omgang met mensen dan
een stier.
Ossen die als trekdier op ver-
harde wegen moeten lopen,
worden meestal beslagen.
Omdat runderen tweehoevig
zijn, hebben ze voor elke poot
twee ijzers nodig.

▶ Het beslaan van een os (India).

▼ Dinka herders uit Soedan castreren
een jonge stier.

Dorsen

Ook op de dorsvloer hebben runderen het werk van de mens met zijn vlegel weten te verlichten. Dorsende runderen staan afgebeeld op eeuwenoude schilderingen uit het land van de farao's, maar ook nu nog wordt in veel derde-wereldlanden het dorsen van granen door ossen en koeien verricht. Onder de hoeven van het rund scheidt zich het kaf van het koren. Met een dorsslee of een roller kan het resultaat nog worden verbeterd.

▶ Dorsende ossen in Nepal.

▼ Dorsende runderen, een Egyptische grafschildering uit circa 1300 v.Chr.

Het perzisch waterrad

Runderen worden ook ingezet voor aandrijving van eenvoudige raderwerken om water te putten, olie te persen etc. Een klassiek systeem om water te putten is het Perzisch waterrad. Een liggend wiel met tandraderen brengt een verticaal geplaatst wiel in beweging en daarmee een ketting waaraan een groot aantal kruikjes of emmertjes zijn bevestigd. Door ossen eindeloos rondjes te laten lopen kan met een Perzisch rad water tot wel een diepte van twintig meter omhoog worden gebracht. Deze irrigatietechniek wordt al eeuwenlang toegepast in het Midden-Oosten en delen van Azië. Het Perzisch rad begint zeldzaam te worden, omdat het meer en meer wordt vervangen door motorisch aangedreven irrigatiesystemen.

▶ Perzisch waterrad met kruiken in het Midden-Oosten.

▼ Perzisch waterrad in Rajasthan, India.

Vissen met ossenkracht

Langs de kust van Noordwest-Portugal kan men op enkele plaatsen (misschien) nog getuige zijn van een bijzonder schouwspel: vissen vangen met behulp van ossen. Dit gebruik is vroeger vrij algemeen geweest, zowel in Portugal als in Spanje. De ranke vissersboten worden over het brede strand over rollende boomstammen door een kleurrijk gejukt ossenspan naar de zee getrokken. Vlak voor de woeste branding maken de ossen rechtsomkeert om de boot vervolgens het laatste eindje, met een paal tussen zich in, te duwen. Als de boot door de branding is, gaan de dieren terug en neemt (tegenwoordig) een buitenboordmotor het van de ossen over. Als het grote net op zee is uitgezet, komen de vissers terug en wordt de boot weer door de ossen het strand opgesleept. Aan de twee uiteinden van het net zijn lange touwen bevestigd en aan elk van de beide touwen worden drie paar ossen gekoppeld, die het grote net uit het water moeten trekken.

▶ Marinhoa-ossen trekken het net uit de zee.

▼ Een ossenpaar duwt de vissersboot in de zee.

Gezadeld en bepakt

Met uitzondering van de yak in het Himalayagebergte, zijn runderen nooit op grote schaal als rij- en/of lastdier gebruikt. In sommige Afrikaanse landen, met name in de Sahel, worden ossen echter wel als rijdier gebruikt en dan voornamelijk door vrouwen en kinderen. Het is een oud Afrikaans gebruik, dat al is vastgelegd op vierduizend jaar oude rotsgravures en rotsschilderingen in de Sahara.

▶ De halfnomadisch levende Falata uit Oost-Soedan met hun ossen op zoek naar nieuwe graasgronden en een nieuw kampement.

▼ Een trotse berijder van maar liefst twee ossen in Tsjaad.

Hoornloze koe Koe Stier Anat...

Flehmende stier

Gedrag

5

De anato-mische les

Oorvormen:
Hooglanderkalf

Mysore

Indubrasil

Marlen Felius

'Ten aanzien der Koeijen, meldt ons VIRGILIUS uitdrukkelijk dat het geile merg in de lente het meest ontvonkt wordt, want, zegt hij: in de Lente komt de hitte in het gebeente.'

J. le Francq van Berkhey,
Natuurlyke Historie van Holland, 1807

Exterieur

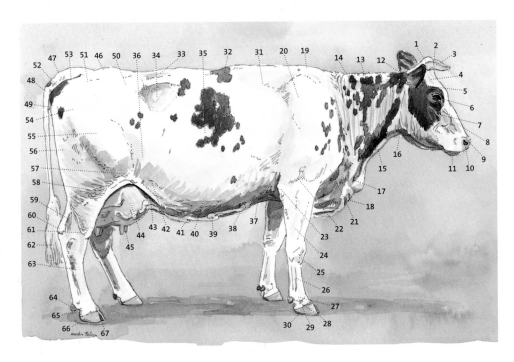

Kop

1 kruin | 2 hoorns | 3 oor | 4 voorhoofd
5 oogboog | 6 oog met oogleden
7 wang | 8 neusbeen | 9 neusspiegel
10 neusgat | 11 lippen

Voorhand

12 nek | 13 halskam | 14 halsvlakte
15 halsadergroeve | 16 keelgang
17 voorborst | 18 kossem | 19 schoft
20 schouder | 21 boeg | 22 opperarm

23 elleboog | 24 onderarm | 25 voor-
knie | 26 voorpijp | 27 kogel | 28 koot
29 kroonrand | 30 klauwen

Middenhand

31 hazeleger | 32 rug | 33 lendenen
34 hongergroeve | 35 ribstreek
36 flank | 37 achterborst | 38 melk-
kuiltje | 39 melkader | 40 buikstreek
41 navelstreek | 42 liesstreek | 43 vang

Achterhand

44 uier | 45 spenen | 46 kruisbeen
47 staartwortel (met staartinplan-
ting) | 48 staart | 49 schede (kling)
50 heup | 51 kruisplaat | 52 zitbeen-
knobbel | 53 band(en) | 54 draaier
(heupgewricht) | 55 dij | 56 broek
57 achterknie | 58 schenkel
59 achillespees | 60 hak | 61 sprong
62 staartpluim | 63 achterpijp
64 bijklauwtje | 65 kootholte

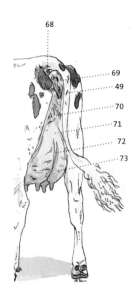

66 verzenen | 67 tussenklauwspleet
68 koekoeksgaten | 69 aars
70 melkspiegel | 71 dam | 72 ophang-
band | 73 achteruier

▲ De staart van het rund dient vooral voor het verjagen van insecten (en voor ossenstaartsoep), maar in India heeft de staart ook een religieuze functie. Een hindoe die een koe aanbidt, eindigt dit ritueel veelal met een aai van de staartpluim over het voorhoofd. De staart is in India misschien wel het allerheiligste deel van de koe, want om de hemel te bereiken moet een overledene een woeste rivier oversteken en dat lukt alleen door zich vast te houden aan de staart van een zwemmende koe.

Spieren

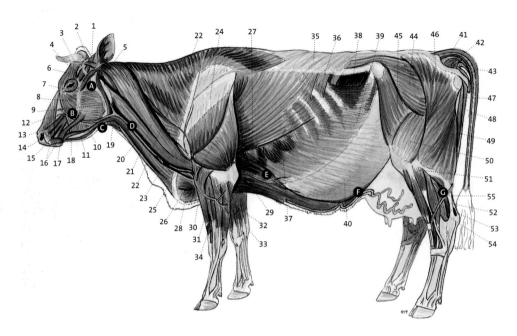

KOP

Oor

1 korte heffer | 2 bovenste oorspier
3 spier die het oor uitwaarts trekt
4 onderste oorspier | 5 spier die
het oor neerwaarts trekt | A oor-
speekselklier

Oog

6 ooglidheffer | 7 kringspier van
de oogleden | 8 wangspier | B aan-
gezichtsader

Kaken

9 buitenste kauwspier | C onderkaak
speekselklier | 10 kaak dwarsspier
11 kaakspier

Neus en lippen

12 heffer van de neuslip | 13 kaakneus-
spier | 14 wegtrekker van de bovenlip
15 heffer van de bovenlip | 16 ringspier
van de lippen | 17 jukspier | 18 neer-
trekker van de onderlip

VOORHAND

Hals en schouder

19 borstlongbeen en borststrotten-
hoofdspier | 20 borstkaakspier
D keelader | 21 koparmspier
22 kapspier | 23 schouderdwarsspier
24 schouderbladspier
25 schouderspier | 26 elleboogstrekker

Borst en voorbeen

27 brede rugspier | 28 brede borstspier
29 grote borstspier

30 lange scheenbeentrekker

31 trekker van binnenklauw

32 uitwendige armhaakspier

34 schuine buiger

MIDDENHAND

Rug en buik

35 lange rugspier | 36 bovenste zaag-
spier | 37 onderste zaagspier
38 buitenste buikspier | 39 buitenste
schuine buikspier | 40 buikvlies
(gedeeltelijk verwijderd) | E borstader
F melkader

ACHTERHAND

Staart

41 opheffer van de staart | 42 opzij-
trekker van de staart | 43 omlaag-
trekker van de staart

Kruis en achterbeen

44 bekkenspier (zitspier) | 45 schenkel-
peesvliesspanner | 46 schenkelspier
47 zitvork | 48 halfhuidige spier
49 halfpezige spier | 50 dijspier
51 lange kuitspier (korte teenstrekker)
52 langeteenstrekker | 53 middelste
beenstrekker | 54 lange teenbuiger
55 achillespees | G beenader

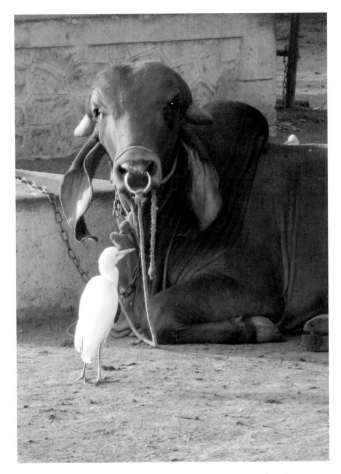

▲ Girstier. De Gir, een van de 27 Indiase
zeboerassen, is het rund met de langste
oren. Dit melkveeras met zijn bolle
voorhoofd en naar achteren gerichte
hoorns wordt vooral in Gujarat
gehouden.

Skelet

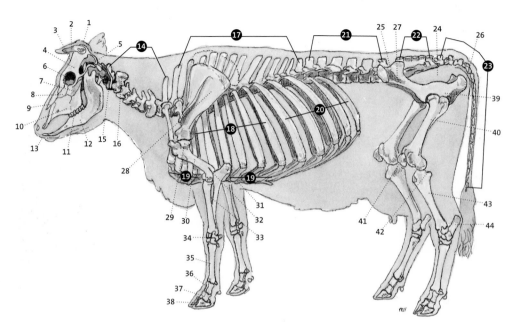

mF

Kop

1 kruinbeen | 2 hoornpit | 3 voor-
hoofdsbeen | 4 wandbeen | 5 slaap-
been | 6 oogkas | 7 jukbeen | 8 traan-
been | 9 neusbeen | 10 bovenkaaks-
been | 11 boven- en onderkiezen (2 × 6)
12 onderkaaksbeen | 13 snijtanden (8)

Hals

14, 15, 16

Wervelkolom

17 rugwervels (13) | 18 ware ribben (8)

19 borstbeen | 20 valse ribben (5)
21 lendenwervels (6)

Bekken-staart

22 kruisbeen | 23 staartwervels (18-20)
24 bekkenbeenderen | 25 darmbeen
(met knobbel) | 26 zitbeen
27 schaambeen

Voorste ledematen

28 schouderblad | 29 boeggewricht
30 opperarmbeen | 31 elleboog

32 ellebooggewricht | 33 onderarm-
been | 34 voorkniegewricht
35 voorpijp met onderaan het sesam-
beentje | 36 kootbeen | 37 kroonbeen
38 klauwbeen

Achterste ledematen

39 heupgewricht (draaier) | 40 dij-
been | 41 knieschijf | 42 kniegewricht
43 achterschenkelbeen | 44 sprong-
gewricht

▲ Een koetje met een vijfde poot
op de rug, een bezienswaardigheid
die geld opbrengt voor deze Indiase
sadhoes (heilige mannen).

Kleuren en patronen

Oerrunderen waren eenkleurig, maar bij gedomesticeerde runderen is door mutaties en selectie een scala aan kleuren en bontpatronen ontstaan. Toen men in de negentiende eeuw stamboeken ging op-richten, is men ertoe over-gegaan om voor een bepaald ras slechts één of hooguit een zeer beperkt aantal kleurpatro-nen toe te staan om daarmee de herkenbaarheid van het ras te bevorderen. Daardoor zijn er veel bijzondere kleuren en tekeningen verloren gegaan, wat in ons land bijna het einde heeft betekend van eenkleuri-gen, gespikkelden, witruggen, lakenvelders, valen, blauwen enz.

▲ De Egyptische eerste minister Meketre laat zijn veelkleurige kudde aan zich voorbijtrekken, terwijl zijn secretarissen de dieren tellen en registreren. Beschilderd hout uit het graf van Meketre van ongeveer 1990 v.Chr.

◄ Een driekleurig rund uit Mali. Drie-kleurigheid is zeldzaam bij runderen.

Getygerd ben ik naar myn wys.

en ik een Maisvaal of een Beis.

C

D

Myn witkop als een trekmuts past.

Ik draeg wit laken op myn bast.

1710
k 2

▲ Details uit een kleurenplaat met de titel 'De Wonderbaarlijke Vermenigvuldiging' uit J. le Francq van Berkhey, *Natuurlyke Historie van Holland* (1805-1811). Van deze blaarkop (C) en lakenvelder (D), vermeldt de tekst:

C. 'Trekmuts. Een Koe of Kalf met een trekmuts is een pikzwarte Koe, met een geheel witten kop. De bescheidenheid verbiedt om de naams-oorsprong hier van te melden, bij Boerenknechts en Meiden is dezelve echter wel bekend.'

D. 'Witlakensche Koe, zoo dat het schijnt als of men een wit linnen laken over een zwarte Koe gespreid had, door eenige wel eene Kraamkoe genoemd, om dat, als op sommige plaatsen eene Boeren Kraamvrouw in de kraam sterft, dan, bij het begraven, een wit laken over de zwarte baar gespreid wordt.'

Variatie in hoorns (1)

hoornloos: IJslandse koe

hoornstompjes: Boran koe, Kenia

korte zijwaarts gerichte hoorns:
Zwitsers Bruinvee stier

korte vluchtige hoorns:
Zweeds Roodbonte koe

korte omhoog gebogen hoorns:
Deens Roodvee koe

korte naar voren gebogen hoorns:
Fries-Hollandse koe

korte omlaag gebogen hoorns:
Groninger Blaarkop koe

naar achteren gekrulde
hoorns: Gir koe, India

loshangende hoorns:
Tuli koe, Zimbabwe

omlaag
gebogen
hoorns:
Devon koe, Engeland

zijwaarts
gedraaide hoorns:
Afrikaner koe, Zuid-Afrika

naar voren
gebogen
hoorns:
Lidia
vechtstier,
Spanje

liervormige hoorns:
Ayrshire koe, Schotland

opgerichte
hoorns:
Mongoolse koe

halvemaan-
vormige hoorns:
Camargue stier,
Frankrijk

133

Variatie in hoorns (2)

grote opgerichte gedraaide hoorns:
Kankrej koe, India

naar achteren gerichte hoorns:
Khillari stier, India

omlaag gebogen hoorns:
Longhorn stier, Engeland

lange zijwaarts gedraaide hoorns:
Texas Longhorn, Verenigde Staten

lange halve maanvormige
hoorns: Dinka os, Soedan

lange liervormige hoorns:
Barossã stier, Portugal

reuze hoorns: Watusi koe, Rwanda

peervormige hoorns:
Kuri stier, Tsjaad

kunstmatig
verbogen hoorns:
Dinka stier, Soedan

135

Hoornloos en onthoornd

De Nederlandse melkkoeien zijn van nature gehoornd, maar worden (sinds ze in loopstallen worden gehouden) meestal onthoornd zodat ze elkaar niet kunnen verwonden. De hoornaanleg van jonge kalveren wordt onder verdoving weggebrand, zodat de hoorns zich niet meer ontwikkelen.
Er zijn ook runderen die van nature hoornloos zijn. Deze genetisch bepaalde hoornloosheid is ooit ontstaan als een mutatie. In Groot-Brittannië en Scandinavië is men al een paar eeuwen geleden hoornloze rassen gaan fokken, zoals de Aberdeen Angus, de Galloway en de Red Poll. Amerikaanse fokkers hebben later hoornloze ('polled') varianten van ge- hoornde rassen als Hereford en Charolais ontwikkeld. Ook het Holstein melkveeras kent sinds kort enkele van nature hoorn- loze fokstieren.

▼ Een scène uit de tombe van Nefer in Sakkara (Egypte) uit circa 2400 v.Chr., die zowel gehoornde als on- gehoornde runderen laat zien.

Onthoornde Jersey   Polled Hereford   Galloway

Het ingewand

Het grote lijf van een rund is voor een belangrijk deel gevuld met spijsverteringsorganen: links de voor herkauwers kenmerkende pens met een inhoud van 150-200 liter en rechts de ruim veertig meter lange dunne darm en de tien meter lange dikke darm.

▼ Het inwendige van een koe

1 grote hersenen | 2 kleine hersenen 3 neusholten | 4 luchtpijp | 5 longen (opengewerkt voor het hart) 6 keelholte | 7 strotklepje | 8 strotten- hoofd | 9 slokdarm | 10 hart 11 galblaas | 12 lever | 13 nieren 14 alvleesklier | 15 buikvlies

16 middenrif | 17 netmaag | 18 boek- maag | 19 lebmaag | 20 pens (aan het gezicht onttrokken door de darmen) 21 twaalfvingerige darm | 22 dunne darm | 23 darmscheil | 24 blinde darm 25 dikke darm | 26 endeldarm 27 baarmoeder | 28 baarmoederhals 29 blaas | 30 schede

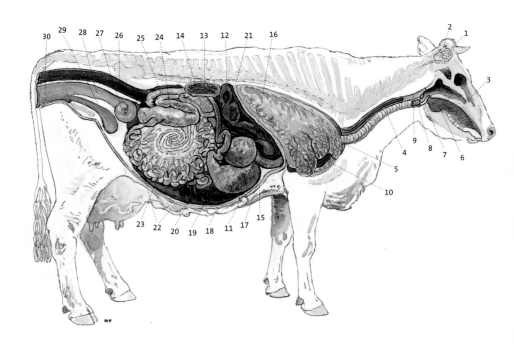

De pens, die vrijwel het hele linkerdeel van de buikholte vult, bevat penssap waarin zich micro-organismen bevinden die de moeilijk afbreekbare celwanden van het gras verteren. Tussen de 'bladen' van de boekmaag wordt vervolgens het vloeibare van het vaste deel gescheiden, waarna het in de 'echte' maag of lebmaag terechtkomt.

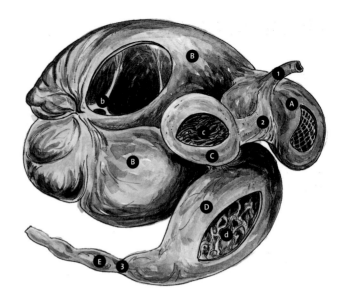

De vier magen van het rund

1 slokdarm | 2 slokdarmsleuf
A Netmaag | a netvormige structuur
B pens | b penspijlers | C Boekmaag
c bladen van de boekmaag |
D lebmaag | d plooien van de leb-
maag | 3 insnoering van de lebmaag
E twaalfvingerige darm

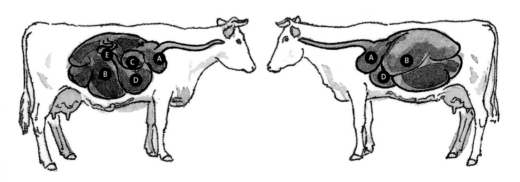

Koemest

Koeien ontlasten zich tien tot twintig keer op een dag en produceren afhankelijk van de hoeveelheid en de aard van wat ze vreten, 20-50 kilo uitwerpselen. Mals, eiwitrijk gras resulteert in dunne mest, terwijl vezelrijk (eiwitarm) gras zorgt voor stevige koeienvlaaien. Een doorsnee-Nederlandse melkkoe produceert jaarlijks ongeveer 12.000 kilo uitwerpselen en daarmee wordt het land bemest.
In India wordt een groot deel van de mest van de tweehonderd miljoen runderen en honderd miljoen melkbuffels gebruikt als brandstof. De mest wordt in koekvorm gedroogd en vervolgens in de keuken gebruikt om op te koken.

▶ Zijn concurrentjes net te vlug af. Mest is roofgoed in India. Gedroogd levert een koevlaai 1 roepie op.

▼ Koemest om op te koken. De tweehonderd miljoen runderen van India produceren jaarlijks negenhonderd miljoen ton bruikbare mest.

Gier

Runderen drinken, afhankelijk van de omstandigheden, 30-160 liter water op een dag. Urineren doen ze vijf tot tien keer op een dag, met gekromde rug en opgeheven staart, en dat levert dagelijks 10-30 liter urine op en dus per jaar ongeveer 8000 liter. Een deel van de urine (en mest) komt direct op het weiland terecht, de rest op stal. Vroeger werden de uitwerpselen (mest) en de urine (gier) van de koeien gemengd met stro (in een potstal of een grupstal) en dat leverde strorijke vaste mest op. In de huidige ligboxenstallen wordt geen stro gebruikt en komen zowel de uitwerpselen als de urine in de mestput onder de roostervloer terecht in de vorm van drijfmest. Deze drijfmest wordt geïnjecteerd in de grond ter bemesting van het gras.

◄ Een mestinjector brengt de drijfmest (mest + urine) in de grond.

► Een jongen van de Dinka-stam uit Soedan wast zijn haar met urine, zodat het een mooie roestbruine kleur krijgt.

Melk en bloed

Het bloedvatenstelsel van rundvee komt in grote lijnen overeen met dat van andere zoogdieren (en de mens). Het aantal hartslagen van een volwassen rund bedraagt 60-64 per minuut en kan het best worden gevoeld aan de onderkant van de onderkaak (de 'pols'). De lichaamstemperatuur van een koe bedraagt 38,5° Celsius.

Bloedvatenstelsel

A linkerboezem en kamer | 1 aorta 2 voorste aorta | 3 linker sleutelbeenslagader (afgesneden) | 4 slagader naar hals en schouder | 5 halsslagader | 6 strotslagader | 7 borstwandslagader | 8 buitenste borstslagader | 9 beenslagader | 10 achterste aorta | 11 lichaamsslagader | 12 slagader naar slokdarm | 13 slagader naar luchtpijp

14 middenrifslagader (leverslagader) 15 buikslagader | 16 darmslagader | 17 nierslagader | 18 bekkenslagader | 19 slagader naar uier | 20 slagader naar achterbenen

B rechterboezem en kamer | 21 voorste holle ader | 22 aangezichtsader | 23 longslagader (afgesneden) | 24 achterste holle ader | 25 leverader | 26 onderhuidse melkader

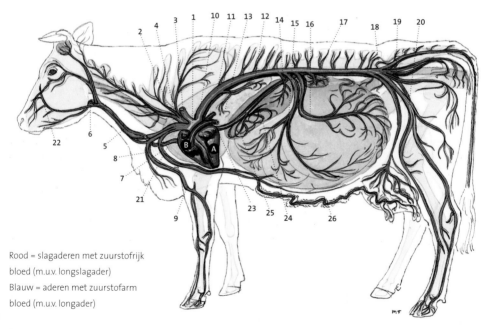

Rood = slagaderen met zuurstofrijk bloed (m.u.v. longslagader)
Blauw = aderen met zuurstofarm bloed (m.u.v. longader)

Een uier bestaat uit vier van elkaar gescheiden kwartieren, die zijn gevuld met melkblaas-jes, waarin de melk druppel voor druppel wordt afgeschei-den. De melk wordt opgesla-gen in de melkboezems van de uier. In een goed ontwikkelde uier kan wel tot 25 liter melk worden opgeslagen.

Vee dat op hoge melkproductie is gefokt heeft door eeuwen-lange selectie een buiten-gewoon groot uier ontwikkeld, die is voorzien van wijde (slag) aderen. Een buitensporig ont-wikkeld bloedvat is de melk-ader, die het vele bloed dat van de uier komt snel moet kunnen afvoeren. Het bloed brengt de voedingsstoffen naar de uier. Om één liter melk te kunnen maken, moet er vierhonderd liter bloed door de uier stromen.

Aderlating

Masai krijgers ('morani') moeten met hun kuddes vee vaak ver van hun familiekraal ('boma') trekken om voldoende gras te vinden. Soms zijn ze maandenlang van huis en willen dan wel eens iets anders nuttigen dan alleen maar melk en bushvruchten. Runderbloed. Daarvoor kiezen ze een sterk dier. Met een riem wordt de hals van het dier afgebonden en met pijl en boog een klein gaatje in de halsader geschoten. Het er uit spuitende bloed wordt opgevangen en meteen opgedronken of met melk gemengd. Zodra de riem wordt losgemaakt, stopt het bloeden. Een dier wordt niet vaker dan een keer per maand afgetapt. Ook andere herdersstammen passen dit gebruik toe.

Voortplanting ♀

Koeien worden, als ze niet drachtig zijn, om de drie weken bronstig. 'Tochtig' wordt dat bij koeien genoemd. Tochtige koeien hebben een rode, vochtige, lichtgezwollen kling, zijn onrustig en alert ('orenspel'), lopen en loeien veel, urineren vaker dan normaal en laten zich, als er geen stier bij de kudde loopt, veelvuldig door seksegenoten bespringen. Door melkkoeien te voorzien van een 'stappen-teller' kan de activiteit van een koe door de computer worden geregistreerd, wat voor de boer een goed hulpmiddel is om tochtigheid vast te stellen. Koeien blijven 1 à 2 dagen paringsbereid en kunnen alleen in die periode worden gedekt of geïnsemineerd.

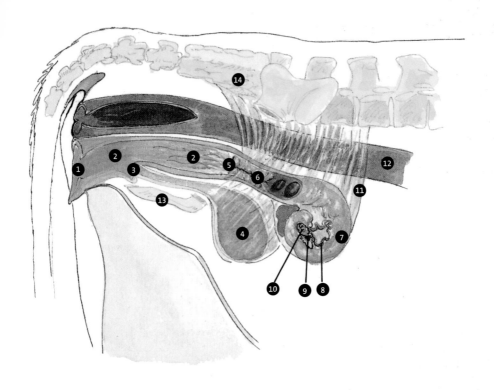

▲ De geslachtsorganen van de koe

◀ Een tochtige koe wordt door een seksegenote besprongen.

1 kling of schaamlippen | 2 schede of vagina | 3 uitmonding van de urinebuis in de voorhof van de schede 4 urineblaas | 5 baarmoedermond | 6 baarmoederhals of cervix | 7 baarmoeder of uterus met de twee baarmoederhoornen (in een van de hoornen ontwikkelt het embryo zich tot kalf) | 8 eileiders (hierin vindt de bevruchting plaats) | 9 trompetten | 10 eierstokken of ovaria | 11 ophangvliezen van de baarmoeder en de blaas | 12 endeldarm | 13 schaambeen | 14 wervelkolom

Voortplanting ♂

Een stier die bij de koeien loopt, merkt al snel of een koe tochtig aan het worden is omdat ze dan geurstoffen (feromonen) afscheidt in haar zweet en urine. Hij blijft dan bij haar in de buurt, likt zo nu en dan haar kling en ruikt aan haar urine. Als de koe echt tochtig is geworden, vertoont ze de 'sta-reflex' en loopt niet meer weg als de stier haar wil bespringen. De paring duurt kort en kan in de loop van de dag wel tot tien keer worden herhaald.

▼ Een Fulani-stier probeert een tochtige koe te dekken (Mali).

▶ De geslachtsorganen van de stier

1 balzak of scrotum | 2 teelballen of testes (produceren zaadcellen en het hormoon testosteron) | 3 bijballen | 4 zaadleiders | 5 zenuwbaan | 6 ampullen | 7 zaadblaasjes | 8 voorstanderklier of prostaat | 9 cowperse klieren (de klieren 6 t/m 9 vormen het vocht dat op het moment van de ejaculatie aan het sperma wordt toegevoegd) | 10 dikke holle spier met penisaanhechting | 11a urinebuis | 11b roede of penis | 12 terugtrekspier van de penis | 13 voorhuid of koker | 14 urineleiders | 15 urineblaas | 16 endeldarm

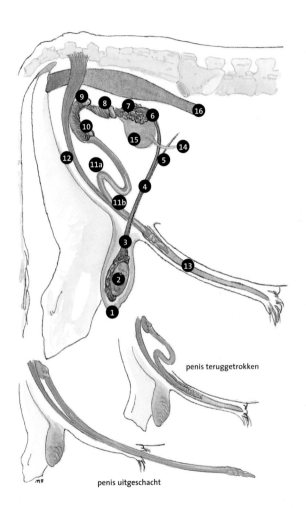

penis teruggetrokken

penis uitgeschacht

Kunstmatige inseminatie

Kunstmatige inseminatie (KI) kwam in Nederland pas na de Tweede Wereldoorlog goed op gang en werd aanvankelijk toegepast om het verspreiden van ziekten tegen te gaan, maar al snel bleek het ook een uitstekende manier te zijn om optimaal (en wereldwijd) gebruik te kunnen maken van topstieren. Voor het opvangen van het sperma wordt gebruikgemaakt van een kunstkoe

met kunstschede die 'dummy' of 'fantoom' wordt genoemd. KI-stieren 'springen' twee- tot vijfmaal per week en produceren per sprong 5-15 cc sperma, waarin zich gemiddeld 5 miljard zaadcellen bevinden. Met het ejaculaat van één sprong kunnen, na verdunning, 200-1200 'rietjes' worden gevuld (en evenveel koeien geïnsemineerd). De rietjes worden vervolgens in vloeibaar stikstof

(-196° Celsius) diepgevroren en bewaard.
Het is sinds kort mogelijk om sperma te scheiden in zaadcellen met een X-chromosoom (geven uitsluitend vaarskalveren) en zaadcellen met een Y-chromosoom (geven stierkalveren). Van steeds meer fokstieren komt dit 'gesekst sperma' in de handel.

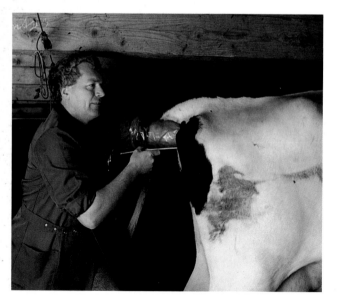

◀ Een veehouder brengt een pipet met sperma in de koe, waarbij hij met zijn linkerhand vanuit de endeldarm de pipet door de baarmoederhals naar de baarmoeder leidt.

▶ Een fokstier springt op een verrijdbare kunstkoe, waarin zich een medewerker van het KI-station bevindt die het sperma opvangt in een kunstschede.

Geboorte

Koeien hebben een dracht van ruim negen maanden. Veehouders willen graag een 'tussenkalftijd' van één jaar (dat wil zeggen elk jaar een kalf), hoewel er bij het huidige, hoogproductieve melkvee een ontwikkeling gaande is naar een langere tussenkalftijd (tot anderhalf jaar). Melkkoeien worden twee maanden voor het afkalven 'drooggezet' (niet meer gemolken). Als een koe moet afkalven verleent de melkveehouder meestal enige assistentie, hoewel kalveren ook wel zonder hulp ter wereld komen. Het kalf wordt direct na de geboorte door de moeder schoongelikt en vervolgens van haar gescheiden. Wel krijgt het kalf de eerste dagen nog de van de moeder afkomstige biest te drinken.

Bij vleesvee (zoogkoeien) blijven de kalveren tot ongeveer een half jaar bij de moeder lopen (en drinken).

▶ Een handje helpen bij het afkalven.

Keizersnede

Bij 1-2% van de geboorten bij melkvee is een keizersnede noodzakelijk. Bij de zogenaamde dikbillen, zoals de Belgische Witblauwe en het Verbeterd Roodbont, is het percentage keizersneden echter veel hoger (ruim 60%) en op de meeste bedrijven wordt een keizersnede zelfs standaard toegepast. De snede wordt altijd aan de linkerkant (de penszijde) van de koe aangebracht. De rechterkant van de buikholte is namelijk gevuld met vele meters lange darmen, die anders naar buiten zouden komen. Na de verlossing wordt alles weer keurig dichtgenaaid.

▶ Geboorte van een kalf middels keizersnede.

▼ Koe van het Nederlandse vleesveeras Verbeterd Roodbont met op haar linkerzijde de dichtgenaaide wond van de keizersnede.

Mysore-ossen, Zuid-India

White Shorthorn, omstreeks 1800

Brandmerken, Verenigde Staten

Wagyu, Japan

Nelore, Brazilië

Mali

Herefordshow, Verenigde Staten

Red Sindhi show, Pakistan

Sabina 15

6

Simmentaler 1872

Simmentaler 1976

Simmentaler 1992

...ormerk, Madagaskar

Koeien op
de catwalk

'De koei moet nederig wees,
met 'n sagte uitdrukking op
haar gesig en die bene moet
dro wees, want koeie speel
nie tennis nie.'

Marius Botha, Zuid-Afrika

Keuren

Fokkers leggen in een stamboek vast hoe hun vee er idealiter uit moet zien. Aan de hand van de verschillende onderdelen van het dier wordt in een rasbeschrijving of standaard het gewenste exterieur omschreven, naast eigenschappen betreffende produc- tie, gedrag e.d. Elk dier dat in het stamboek van een bepaald ras wordt ingeschreven, krijgt een beoordeling op elk van deze onderdelen en een totaal- score. Alleen koeien en stieren die hoog scoren, worden in- gezet voor de fokkerij, waar- door de totale populatie steeds meer aan het ideaalbeeld gaat voldoen. Omdat het fokdoel regelmatig wordt bijgesteld – wordt aangepast aan de veranderde omstandigheden en inzichten – is een ras niet statisch maar voortdurend in verandering.

◀ Hoe de maat wordt genomen. Veebeoordeling in het begin van de twintigste eeuw.

▶ Inspecteurs van het Nederlands Rundvee Syndicaat beoordelen een koe.

Toiletteren

Voor een keuring of een show wordt het vee zorgvuldig getoiletteerd. De fokkers willen de dieren op hun voordeligst aan de jury en het publiek laten zien. Ze worden door professionele 'cowfitters' gesopt, gewassen, geschoren, geknipt, geborsteld, gekamd, getoupeerd, geföhnd en gepoetst. Talkpoeder maakt het wit nog witter, haarlak doet de ruglijn rechter lijken en het juiste moment van melken brengt de uier optimaal op spanning. Uiteraard wordt er streng op toegezien dat er geen trucages worden toegepast. Enkele weken of soms zelfs enkele maanden voor de keuring beginnen de fokkers hun dieren te trainen om goed te lopen, zodat ze in de ring met geheven hoofd en beheerste tred kunnen worden voorgeleid. De kampioenen moeten uiteraard op de foto, maar het kost veel moeite om ze daarvoor in de gewenste stand te zetten.

▶ Een 'cowfitter' aan het werk. Fokkers zien graag een kaarsrechte rug. De ruglijn krijgt bij het toiletteren dan ook veel aandacht.

▼ Een Nederlandse kampioene wordt in de juiste stand gezet voor de staatsiefoto: de voorpoten op een verhoging, de kop geheven en de oren gespitst.

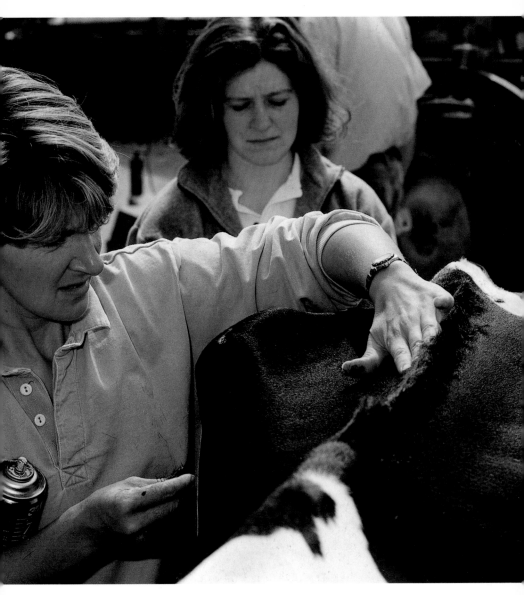

Holstein International

De eerste rundveekeuringen vonden in ons land rond 1850 plaats, nog voordat er stamboeken waren opgericht. Er waren dorpskeuringen, regionale keuringen en een nationale keuring. In 1856 namen enkele Nederlandse fokkers met hun vee deel aan de internationale landbouwtentoonstelling in Parijs en in 1880 was ons vee vertegenwoordigd op de tentoonstelling in Londen.

De liefde die een fokker voor zijn dieren heeft, komt het duidelijkst tot uiting op keuringen en shows. Tegenwoordig zijn er voor de Nederlandse veehouders, naast allerlei regionale keuringen, de tweejaarlijkse Nationale Rundvee Manifestatie (NRM of Holland Dairy Show) voor melkvee in Utrecht. Daarnaast zijn er (voor melkvee) de Europese kampioen-

schappen in Brussel. De grootste Holsteinshow ter wereld is die in Madison (VS).

▶ World Dairy Expo 1999 in Madison (Verenigde Staten), de grootste rundveeshow van Amerika.

▼ De Fries-Hollandse stier die door de (jeneverdrinkende) commissie is uitverkoren om ons land te vertegenwoordigen op de tentoonstelling in Londen (1880).

Royal Dutch

▲ Koningin Wilhelmina brengt een bezoek aan de tentoonstelling van Fries-Hollands melkvee in Leiden (1935).

▶ Koningin Juliana inspecteert het Fries-Hollandse melkvee van de Woudhoeve in het Noord-Hollandse Oosterblokker (1952).

◀ Koningin Beatrix bij een kampioens-koe op de Nationale Rundvee Manifestatie in Utrecht (2006).

De trots van België

Door strenge selectie toe te passen op exterieur, productie, snelheid, vechtlust of welke gewenste eigenschap ook, vindt er een geleidelijke gene- tische vooruitgang van zo'n eigenschap plaats. Zo wordt er bij vleesvee uiteraard vooral geselecteerd op bevleesdheid. In een nogal extreme vorm vindt dat plaats bij de Belgi- sche Witblauwen, zogenaamde 'dikbillen'.
Deze dubbele bespiering is een recessief gen dat ooit is

ontstaan als een mutatie.
De Belgische Witblauwe is het
populairste vleesveeras in
België en Nederland en komt
in drie kleurvarianten voor: wit,
blauwbont en (het minst gewenst) zwartbont. De kleur
blauw ontstaat doordat zwarte
en witte haren door elkaar
groeien.

▼ Het winnende kwintet Belgische
Witblauwen op een keuring in Luik
(2007). De 'dikbillen' worden voor een
keuring geschoren om hun bilpartij
goed uit te laten komen.

Wereldwijde shows

Wereldwijd organiseren stamboekverenigingen keuringen en shows van hun rundveerassen. Deze wedstrijden leveren een belangrijke bijdrage aan een gestage verbetering van het rundvee.

Het krijgen van een prijs of het op stal hebben van een kampioen(e) wordt door veehouders als bijzonder eervol ervaren en is een grote stimulans tot steeds betere prestaties.

▶ Een Gir koe op de zeboeshow in Uberaba (Brazilië). De Gir is een uit India afkomstige melkzeboe.

▼ Guzerat koe op de jaarlijkse 'Horse and Cattle Show' in Lahore, Pakistan.

Madurese koeienshow

Op de dag voorafgaand aan de jaarlijkse finale van de stieren-rennen, vindt er in het centrum van Pamekasan, de hoofdstad van Madura, een dressuur-wedstrijd van koeien plaats, de 'sapi sono'. Twaalf paar fraai opgetuigde koeien uit alle windstreken van Madura, elk met een eigen gamelanorkest, strijden er om de schoonheids-prijs. De menner houdt zijn koeienspan aan lange leidsels en laat de koeien uiterst lang-zaam en zo mooi mogelijk lopen. Ook weet hij ze te laten wiegen – 'dansen' wordt dat genoemd – op de muziek van het gamelanorkest dat de koeien begeleidt. De jury oor-deelt op alle onderdelen, zoals de conditie en uitstraling van de koeien, hun tuigage, hun gang en 'dans', maar ook het optreden van de menner en het orkest.

Dag van de koe

Op de dag na 'divali', de grootste feestdag van India, wordt door veel Indiërs 'de dag van de koe' ('gopastami') gevierd. Op deze dag wordt herdacht dat de god Krishna voor het eerst met de koeien het veld in ging en dus herdersjongen ('gopa') werd. Op 'gopastami' worden de hoorns van veel koeien, ossen en stieren in allerlei kleuren geverfd. Witte dieren worden zelfs over hun hele lichaam beschilderd met diverse figuren, handafdrukken en zelfs swastika's. Op deze dag vinden de festiviteiten plaats in de plaatselijke 'goshala', dat is een instelling waar oude en zieke koeien worden opgevangen en tot hun (natuurlijke) dood verzorgd. India telt duizenden van dergelijke goedverzorgde stallen, die worden gefinancierd door rijke hindoes ('wat je schenkt aan de koe, schenk je aan de goden'). Ook veel tempels beschikken over een 'goshala', waar de tempelbezoekers de koeien kunnen aanbidden. De melk van tempelkoeien wordt gebruikt voor religieuze doeleinden, maar ook gratis verstrekt aan de armen.

▶ Anno Fokkinga op de 'dag van de koe' bij misschien wel de allerheiligste koe van India in de tempelstal van Nathdwara. De met pauwenveren uitgedoste koe is naar men beweert nog een rechtstreekse afstammeling van Krishna's koeien. Op haar flanken is een afbeelding van Krishna geschilderd.

◀ Koe met handafdrukken en een swastika in de straten van Udaipur. De swastika (hakenkruis) is in India een symbool voor geluk.

Brandmerken Verenigde Staten

In de Verenigde Staten is het brandmerken van vee in de zestiende eeuw geïntroduceerd door de Spanjaard Hernando Cortez. In 1850 werd brandmerken in de Verenigde Staten verplicht gesteld en officieel geregistreerd. Zo stonden er in 1885 alleen in de staat Colorado 12.000 verschillende 'brands' geregistreerd. Dieren die niet waren gebrandmerkt, omdat ze aan de halfjaarlijkse 'roundup' waren ontsnapt, werden 'mavericks' genoemd, naar kolonel S.A. Maverick van wie wordt gezegd dat hij niet de moeite nam zijn vee te brandmerken. 'Mavericks' mochten door een ieder die ze aantrof en wist te vangen, worden toegeëigend en gebrandmerkt. Tegenwoordig worden de te brandmerken kalveren meestal in een 'calf craddle' klemgezet en dan ook ingeënt en eventueel gecastreerd.

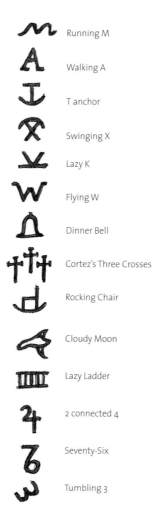

Running M

Walking A

T anchor

Swinging X

Lazy K

Flying W

Dinner Bell

Cortez's Three Crosses

Rocking Chair

Cloudy Moon

Lazy Ladder

2 connected 4

Seventy-Six

Tumbling 3

Lazy 5

◀ Enkele Amerikaanse 'brands' of 'pyrogliefen'.

▶ Traditioneel brandmerken in de Verenigde Staten.

Afrikaanse brandmerken

In vrijwel alle landen waar veel vee wordt gehouden, heeft (of had) men de gewoonte de dieren te brandmerken. Het brandmerk geeft aan wie de rechtmatige eigenaar is en dient er voor om diefstal tegen te gaan. Veehouders beschouwen brandmerken als hun bedrijfslogo en familiewapen.

In Afrika worden geen stempels gebruikt zoals in de Verenigde Staten, maar worden de merken met gloeiende ijzers in de huid 'geschreven'. Liggend op hun zij krijgen de kalveren het monogram van de eigenaar of de clan in hun huid gebrand.

▶ Bij de Masai en Turkana 'verfraaien' herders soms hun lievelingsdier door het over het hele lichaam te brandmerken.

▼ Een Masaiherder brengt een brandmerk aan. Hij gebruikt niet een 'stempel', maar 'schrijft' het brandmerk met een roodgloeiend ijzer in de huid.

Oormerken

Sinds 1992 zijn de Nederlandse veehouders verplicht deel te nemen aan het identificatie- en registratiesysteem (I&R). Alle kalveren moeten in beide oren een oormerk dragen: twee gele oorflappen met nummer en streepjescode. Dit systeem heeft het 'schetsen' van kalveren (het tekenen van het vlekkenpatroon) overbodig gemaakt. Oormerken zijn nu in heel Europa verplicht.

Op het eiland Madagaskar worden geen brandmerken aangebracht, maar worden de oren van het rund verknipt tot een bepaald patroon, zodat iedereen kan zien aan welke stam, clan of familie het vee toebehoort.

▶ Kalfjes met oormerken.

◀ Zelfs de zeboes die staan afgebeeld op grafpalen worden geoormerkt. In het malagasy worden oormerken dan ook sofindrazana genoemd, dat wil zeggen de oren van de voorouders.

Vervormde hoorns

Het kunstmatig vervormen van hoorns is een oud gebruik dat ook nu nog wordt toegepast bij enkele Afrikaanse herdersvolken, waaronder de Dinka en Nuer in Soedan. Een hoorn wordt door verhitting zacht gemaakt, waarna men er met een speerpunt een diagonale snede in aanbrengt, zodat de hoorn zich in een andere richting gaat krommen en asymmetrisch komt te staan ten opzichte van de andere hoorn. Ook worden jonge hoorns wel met een touwtje onder spanning gebracht, waardoor ze naar elkaar toe gaan groeien.

▶ Runderen van de veehoudende Turkana in Kenia met kunstmatig vervormde hoorns, brandmerken en verknipte oren.

◀ Rotsgravure uit de Sahara (Tassili, Algerije) van circa 5000 v.Chr. waarop een rund met een kunstmatig vervormde hoorn.

Huidverzorging

Overal ter wereld is rundvee een waardevol bezit dat met veel zorg wordt omringd. De dieren worden met enige regelmaat gewassen, geborsteld, geschoren of bekapt. Niet alleen voor een keuring of een show, maar ook als onderdeel van de dagelijkse bedrijfsvoering.

▶ Dinkaherder uit Soedan wrijft de hoorns en de huid van zijn runderen in met insectenwerend as, afkomstig van koemest.

▼ Bezwete werkossen krijgen van hun Indiase begeleider een verfrissend bad.

Braunvieh, Zwitserland

Egypte 1600 v.Chr.

Griekenland 520 v.Chr.

Brown Swiss

Verenigde Staten: Jersey

Ayrshire

Guernsey

Angler, Duitsl

Montbéliarde, Frankrijk

Fulani, Senegal

Damietta, Egypte

Zweeds Roodbont

Jersey 1935

Sahiwal, Pakistan

Illawarra, Australië

Red Holstein

Gir Brasilero

Fries-Hollands
1948

Van melk-
meisje
tot robot

'Er is op de hele wereld geen
koesterender warmte dan
die van een koestal.'

Maarten 't Hart, *Een deerne in
lokkend postuur*, 2000

Zogen of melken

Koeien geven pas melk nadat ze een kalf ter wereld hebben gebracht. In Nederland is dat op een leeftijd van ongeveer twee jaar. Na de geboorte gaat de dagelijkse melkgift aanvankelijk geleidelijk omhoog, om na verloop van enkele maanden geleidelijk aan weer af te nemen.

Van nature stopt de melkproductie een paar maanden voor de geboorte van het volgende kalf. De koe komt dan 'droog' te staan. In de moderne melkveehouderij wordt een koe twee maanden voor het afkalven kunstmatig drooggezet.

Europese melkkoeien hebben al in de middeleeuwen 'geleerd' zich te laten melken in afwezigheid van het kalf, maar zeboes laten dat niet (of heel moeilijk) toe.

Bij zeboes moet men het kalf daarom eerst even laten drinken, zodat de moeder de melk 'laat schieten', om het kalf vervolgens bij de uier weg te halen, zodat de koe kan worden gemolken.

▶ Een Indiase vrouw melkt haar koe, maar laat één speen voor het kalf.

▼ Melkscène uit de tombe van Métchétichi, circa 2500 v.Chr. Ook hier blijft het kalf bij de moeder, zodat de koe de melk 'laat schieten'.

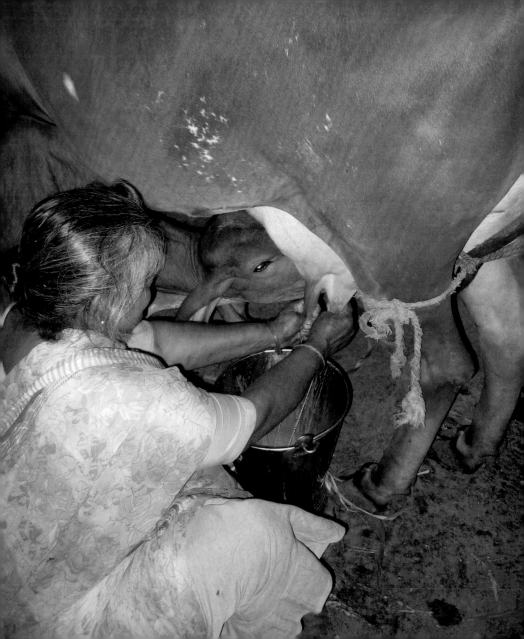

8500 jaar zuivel

Na domesticatie heeft de mens het rund vooral ingezet als trekdier en vleesleverancier, maar al snel viel zijn begerig oog ook op de melk van de koe. Recent onderzoek toont aan dat in Zuidoost-Europa en het Midden-Oosten rond 6500 v. Chr. (kort na de domesticatie) al koemelk en producten als yoghurt en boter werden geconsumeerd.

Door de kalveren een deel van de dag van de moeder te scheiden, konden de veehouders en hun familie een deel van de melk voor zichzelf gebruiken.
De oudste afbeeldingen van mensen die koeien melken, treffen we aan in de Sahara, die toen nog weldadig groen moet zijn geweest.

▶ Nuerjongen uit Zuid-Soedan blaast een koe in haar schede, waardoor ze zich ontspant, de melk 'laat schieten' en zich laat melken. Dit gebruik wordt toegepast als een koe geen kalf meer heeft.

▼ Het melken van een koe, een rotsgravure uit de Sahara (Messak Sattafet, Libië) van ongeveer 5000 v.Chr.

Masaï en melk

Het is een mythe dat de Masaï er alleen maar grote kuddes koeien op na houden voor de status. Het gaat vooral ook om de melk, want voor de meeste Afrikaanse herdersvolken is melk het belangrijkste bestanddeel van hun dagelijkse voeding. Om genoeg melk te hebben voor een gezin moet men over veel koeien beschikken, want Masaï-koeien geven maar weinig melk (zo'n drie liter per dag) en een deel daarvan is voor het kalf bestemd. En een kudde bestaat uiteraard niet alleen uit melkgevende koeien, maar ook uit kalveren van die melkgevende koeien, vaarzen die pas na een jaar of vijf melk gaan geven, drachtige (niet melkgevende) koeien, een paar jonge en een paar oudere fokstieren en de nodige ossen.

Hoe meer koeien een man weet te vergaren, hoe meer vrouwen hij zal huwen, hoe meer kinderen zijn gezin zal tellen en er monden zijn om te voeden. De vrouwen melken de koeien, de kinderen helpen in en rond de kraal waar de familie leeft en de jongens gaan met de kuddes naar ver gelegen graasgronden. De oudere mannen besturen het geheel.

▶ Masaï-vrouwen melken hun koeien staande. De melk komt in een kalebas, die eerst met koeienurine wordt schoongemaakt.

193

Stadsboeren

Wereldwijd wordt jaarlijks 650 miljard kilo melk geproduceerd. India is met 110 miljard kilo de grootste melkproducent van de wereld (ruim de helft hiervan is afkomstig van melkbuffels). De Verenigde Staten staan op de tweede plaats van de wereldproductie met jaarlijks bijna 90 miljard kilo melk (Nederland ruim 11 miljard kilo). Maar de productie per koe is een wereld van verschil: in India geeft een koe (of melkbuffel) gemiddeld niet meer dan 1200 kilo melk per jaar, terwijl een Amerikaanse (of Nederlandse) koe zeven keer zoveel geeft. Daarom wordt in India steeds meer gebruikgemaakt van kruisingen met Europees en Amerikaans vee. In India worden melkkoeien vooral ook in de steden gehouden, dicht bij de consument. Het veevoer (voor een belangrijk deel afval van de akkerbouwproducten) wordt vanaf het platteland aangevoerd.

▶ Indiase stadsboer melkt zijn koe.

Hygiënisch melken

Ook in Nederland zijn de koeien eeuwenlang met de hand gemolken. Twee keer daags, 's ochtends en 's avonds, 's winters op stal en zomers in de wei.
Oude handboeken over melkkunde geven nauwgezette instructies hoe de koe te melken: 'Men melkt een koe van rechts en met de volle vuist. Eerst de voor-, daarna de achterkwartieren. De melker omvat met iedere hand een speen, waarbij de toppen van de vingers in een rechte lijn op de spenen worden geplaatst.' Men molk de koe aan haar rechterzijde, zodat met de rechter (en dus de sterkste) hand de verste speen werd bediend. Een goede melk(st)er was in staat vijf tot zes koeien per uur te melken (maar toen gaven de koeien minder dan de helft van wat ze tegenwoordig produceren). Op melkcursussen werd veel aandacht besteed aan 'hygiënisch melken', omdat bacteriën de kaasbereiding nogal eens verstoorden.

Melkknecht

Hij legt het spantouw om de poten van het beest,
zet zich neer op het melkblok, plaatst de emmer
onder de uier en omvat de memmen,
waarna de eerste melkstraal op de bodem sjeest.
Toegevend herkauwt ogendicht het beest.
Vliegen verslinden onderwijl zijn huid.
Met 'n luie staartzwaai is het al weer uit.
Naast melk en huid heeft hij geduld het meest.
En in de emmer rijst het zachte feest
van zingend schuim op witte overvloed.
Het is vandaag weer goed en veel geweest.
Hij geeft zich prijs zoals een dichter doet.

Gerrit Achterberg

◀ 's Winters werd er op stal gemolken. Een staarttouwtje voorkwam het vuil worden van de staart, een spantouw (met klemmen om de hakken) het trappen.

▲ Examen hygiënisch melken in West-Friesland (1951) met de witte doeken voor het schoonmaken van de uier als symbool voor reinheid.

De melkmachine

De eerste handmelkmachine werd in 1862 door de Amerikanen Kershaw en Colvin ontwikkeld. Het met de hand te bedienen 'elastieken marteltuig' dat de melk uit de tepels kneep, werd geen succes. De elektrische melkmachine met pulsator, die in 1895 door de Schot Alexander Shield werd ontwikkeld, zorgde echter voor de grote doorbraak. In Nederland verscheen de eerste elektrische melkmachine in 1908 en in 1930 telde ons land er ongeveer duizend. Pas na de Tweede Wereldoorlog nam de machine op grote schaal de rol van de handmelker over. Melkvee was door de eeuwen heen gefokt op grote spenen, die goed in de hand van de melker pasten. Toen de melkmachine zijn intrede deed, is men gaan fokken op veel kleinere spenen en een eveneens aan de machine aangepaste speenplaatsing. De spenen van de huidige koeien zijn dan ook bijna de helft korter dan die van vroeger.

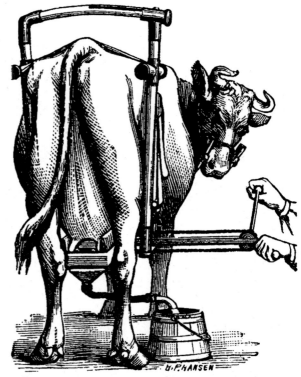

Victorian inventiveness seemed to stop at nothing, and, in milking cows, achieved amazing results. Above right: town dairies distributed to customers from churns carried pannier-fashion. Below right: the portable milking bail enabled farmers to use fields distant from

▲ Een tekening van een van de allereerste handbediende melkmachines ter wereld.

▶ Het type melkmachine dat na de Tweede Wereldoorlog het meest werd gebruikt in Nederland.

De melkrobot

Om zowel de boer als ook de koe een grotere vrijheid te bezorgen, is jarenlang gewerkt aan de ontwikkeling van een melkrobot. In 1992 was dit automatisch melksysteem praktijkrijp. Ook voor de koe is de robot prettig omdat zij een zelf gewenst moment kan kiezen om zich te laten melken en dat doet ze meestal vaker dan twee keer per dag. Ook de door de robot uitgevoerde voorbehandeling van de uier door roterende borstels wordt door de koe als prettig ervaren. Een robot kan ongeveer vijftig koeien melken. Een bedrijf met honderd koeien heeft er dus twee nodig. In 2010 had ruim 10% van alle Nederlandse melkveebedrijven één of meerdere melkrobots. De meeste boeren in Nederland willen het melken toch nog steeds zelf uitvoeren. Ze melken in zogenaamde door-loopmelkstallen of in een carrouselmelkstal, waarin één melker 50-100 koeien per uur kan melken.

◀ Melkrobot. Een laserstraal bepaalt de positie van de spenen en zorgt voor een perfecte aansluiting van de tepelbekers.

▶ Een carrousel of draaimelkstal. De koeien draaien langzaam rond en de melker kan op dezelfde plaats blijven staan om de tepelbekers aan te brengen.

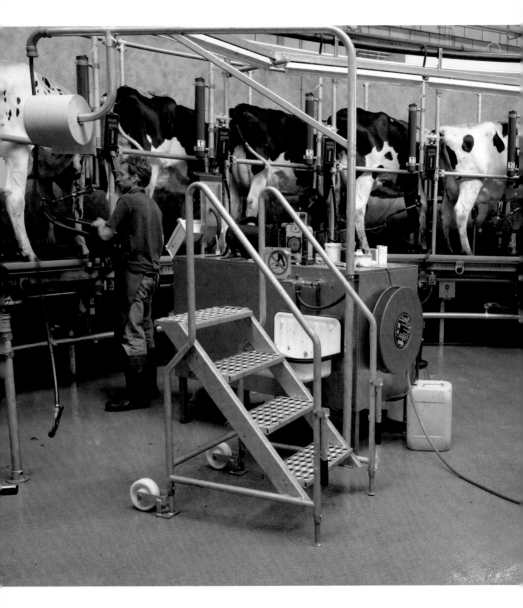

Fries-Hollands

Al vanaf de middeleeuwen hebben de Nederlandse fokkers hun rundvee vooral op melkgift geselecteerd. Halverwege de zestiende eeuw bedroeg de jaarlijkse melkgift per koe zo'n 1700 liter, maar omstreeks 1800 produceerden de Nederlandse koeien gemiddeld al ruim 3000 liter melk per jaar, met uitschieters tot zelfs 4500 liter. Ons rundvee begon internationale faam te krijgen en toen vanaf 1850 ook Amerikaanse veehouders belangstelling begonnen te krijgen, stegen de prijzen van het fokvee tot ongekende hoogten. De Amerikaanse fokkers wilden alleen maar zwartbonten en vroegen bovendien om 'papieren', omdat ze meer wilden weten over de afkomst van de dieren. Daarom werd in 1874 het Nederlandse Rundvee Stamboek (NRS) opgericht. In 1906 werd het Nederlandse vee door het NRS in drie rassen onderverdeeld met voor elk maar één kleurpatroon: het zwartbonte Fries-Hollandse vee (het Friese stamboek erkende ook roodbont), de zwarte Groninger Blaarkoppen (het Groninger stamboek erkende ook rode blaarkoppen) en het roodbonte Maas-Rijn-IJssel-vee.

▲ Fries-Hollandse koeien in een Friese grupstal: de koppen naar de muur.

▲ Blaarkoppen in een Hollandse
grupstal: de koppen naar het gang-
pad.

Holstein-Friesian

Amerikaanse fokkers kochten eind negentiende eeuw veel zwartbont vee in Nederland. Ze hadden een goed oog voor kwaliteit en kochten onze allerbeste dieren. De Amerikanen selecteerden de uit Nederland geïmporteerde zwartbonten uitsluitend op melkgift, terwijl hun Nederlandse collega's het dubbel-doeltype (melk en vlees) bleven nastreven. Hierdoor boekten de Amerikanen een veel snellere vooruitgang in melkproductie dan onze boeren. Het Fries-Hollandse vee in Amerika (dat daar Hol-

stein-Friesian werd genoemd) ontwikkelde zich tot een uitgesproken melktype, groter maar minder bevleesd dan het vee in Nederland. Vanaf 1970 gingen de Nederlandse fokkers geleidelijk aan over op het importeren van Amerikaans sperma. Een snelle Holsteinisering van het Fries-Hollandse vee (en later ook het Maas-Rijn-IJssel-vee) was het gevolg. De gemiddelde melkproductie per koe steeg van 4600 kilo (in 1970) naar 8600 kilo in 2009 (met uitschieters van wel 20.000 kilo). En de dieren werden groter, van 130 cm naar 145 cm.

▶ Moderne Nederlandse ligboxenstal met Holsteinkoeien. De grupstal heeft in Nederland vanaf 1970 vrijwel geheel plaatsgemaakt voor de loop-stal. De dieren moesten worden ont-hoornd, maar kregen een veel grotere bewegingsvrijheid.

Sunny Boy

Na de Holsteinisering van de melkveestapel telt de Nederlandse fokkerij internationaal weer mee en de in 1985 in Friesland geboren topstier Sunny Boy is daarvan het symbool geworden. Sunny Boy (1985-1997), de uit een Amerikaanse Holsteinstier en een Friese koe geboren stier, produceerde gedurende zijn leven ruim twee miljoen doses ('rietjes') sperma en was daarmee 's werelds productiefste stier. Zijn zaad bracht 25 miljoen euro op.

Marleen Felius naast haar schilderij van de stier Sunny Boy.

Beeldhouwer Toon Grassens bezig met het maken van een replica van zijn bronzen standbeeld van Sunny Boy (1999).

Nederlandse melkveehouderij in de 20ste en 21ste eeuw

jaar	1900	1940	1960	1980	2009	2020 (prognose)
aantal melkveebedrijven (x 1000)	225	250	180	80	20	10
aantal melkkoeien (x miljoen)	1	1,5	1,8	2,4	1,4	1,5
gem. aantal melkkoeien per bedrijf	4	6	9	35	70	150
gem. melkproductie/koe/jaar (kilo)	2500	3500	4400	5500	8600	10.000

Oud en zeldzaam

Overal ter wereld treft men rundveerassen aan die ernstig in hun bestaan worden bedreigd. Het zijn meestal rassen die de concurrentie met de veel productievere (veelal uit het buitenland ingevoerde) soortgenoten niet aan kunnen. Wereldwijd zet de VN-organisatie FAO zich in voor het behoud van een zo groot mogelijke genetische diversiteit aan veerassen. In Nederland worden de Lakenvelders, Groninger Blaarkoppen, Brandroden (MRIJ), Witruggen en Friese Roodbonten, maar zelfs ook de Fries-Hollandse zwartbonten tot de bedreigde of zeldzame (melk)veerassen gerekend. Om deze in hun voortbestaan bedreigde veerassen voor het nageslacht te bewaren, is in Nederland in 1976 de Stichting Zeldzame Huisdierrassen opgericht. Deze oude, maar geharde rassen zijn vaak heel geschikt voor biologische melkveebedrijven of voor begrazing van natuurterreinen.

Witrik

Fries Roodbont

Brandroden

Lakenvelder

◀ Zeldzame, Nederlandse rundvee-
rassen:
Witrik (1500 dieren),
Fries Roodbont (300),
Brandroden (700 dieren),
Lakenvelder (2000).

▲ Groninger Blaarkoppen (3000
dieren) in een ouderwets bloemrijke
wei. Omstreeks 1950 bestond 5% van
de Nederlandse melkveestapel nog
uit Blaarkoppen, die met name in
Groningen en delen van Zuid-Holland
werden gehouden.

Koe in de wei

Vroeger kende ons land een grote verscheidenheid aan wei- en hooilanden, afhankelijk van de grondsoort en de waterstand. Dit weerspiegelde zich in een veelsoortige flora en fauna. Naast het groen van de vele grassoorten, kleurden de Hollandse weiden zich met paardenbloemen, koekoeksbloemen, madeliefjes, pinksterbloemen, dotterbloemen, boterbloemen, klavers enz. Bloem- en vogelrijke weilanden, die we tegenwoordig als 'natuurterreinen' bestempelen. De huidige Nederlandse weiden zijn daarentegen efficiënt ingerichte cultuurgronden, die de basis vormen voor een economisch verantwoorde melk- en vleesproductie. De meeste melkkoeien lopen zomers nog in de wei, maar er is een ontwikkeling gaande om melkkoeien gedurende het hele jaar op stal te houden, o.a. omdat de oprukkende melkrobot om een korte loopafstand vraagt. Het grasland wordt dan alleen nog gemaaid en niet meer beweid.

▲ *Weidelandschap bij Zwolle* (1676), Hendrick ten Oever.

Daar ligt een weiland wijd, daar kunt ge horen
Den Leeuwrik zingen vliegend naar het blauw
De rundren grazen, lekkend blanken dauw
En lijken als boten op stroom te drijven.

Herman Gorter (Mei)

Bergboeren

In de bergachtige gebieden van Europa bestaat nog het eeuwenoude gebruik om het melkvee zomers naar de hooggelegen alpenweiden te brengen. De koeien van verschillende eigenaren uit hetzelfde dorp worden daar gezamenlijk geweid en door 'Sennen' (ingehuurde herders) gehoed en gemolken.

Het vertrek van het vee naar de boven de boomgrens gelegen alpenweiden, de 'inalpe' of 'Alpaufzug', vindt eind juni/begin juli plaats en wordt meestal feestelijk gevierd. De dieren krijgen een bel omgehangen, waarvan de grootte afhangt van de leeftijd van het dier en zijn plaats in de hiërarchie van de kudde. Begin augustus verhuist de kudde naar nog hogere alpenweiden, die dan pas vrij zijn van sneeuw. In de herfst keert de kudde terug naar het dorp.

▶ *Appenzeller Sennerei* van Franz Anton Haim (1890). Volkskunst uit Appenzell (Zwitserland) die een 'Alpfahrt' weergeeft met 'Sennen' (herders).

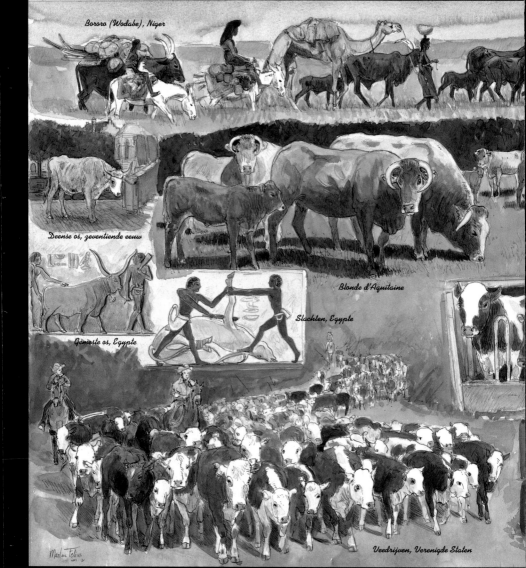

Bororo (Wodabe), Niger

Deense os, zeventiende eeuw

Blonde d'Aquitaine

Genieste os, Egypte

Slachten, Egypte

Veedrijven, Verenigde Staten

Kistkalf

Meststieren

Belgische Witblauwe (kalf)

'Alle vleesch is gras'

'Wat moesten we met al
dat gras als er geen koeien
waren om het op te vreten?

Koos van Zomeren, *Wat wil de koe?*,
1995

Afrikaanse herdersvolken

Grote delen van Afrika zijn al vele millennia lang bewoond door herdersvolkeren met een nomadische of semi-nomadische leefwijze. Een avontuurlijke wijze van veehouderij, waarbij de herders en hun vee de savannen delen met de wilde dieren. Vanaf 1887 is de Afrikaanse veestapel jarenlang geteisterd door de veepest, waaraan naar schatting 90% van het vee is bezweken. Toen vervolgens de tseetseevlieg (overbrenger van de veeziekte trypasomiasis) zijn intrede deed, raakten grote delen van westelijk Afrika ongeschikt voor de veehouderij. Meer recentelijk wordt de nomadische leefwijze sterk belemmerd door verstedelijking, uitbreiding van het akkerbouwareaal en het instellen van grote natuurreservaten.

▶ Bororo-herder met vee in Niger.

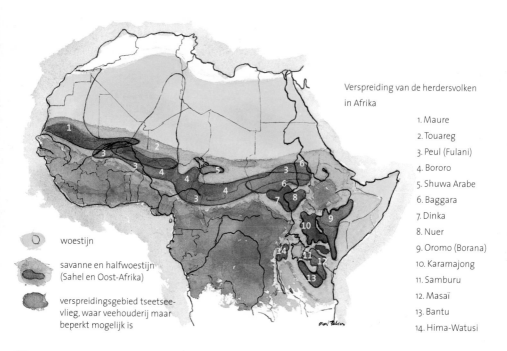

Verspreiding van de herdersvolken in Afrika

1. Maure
2. Touareg
3. Peul (Fulani)
4. Bororo
5. Shuwa Arabe
6. Baggara
7. Dinka
8. Nuer
9. Oromo (Borana)
10. Karamajong
11. Samburu
12. Masaï
13. Bantu
14. Hima-Watusi

woestijn

savanne en halfwoestijn (Sahel en Oost-Afrika)

verspreidingsgebied tseetseevlieg, waar veehouderij maar beperkt mogelijk is

Nomadische veehouderij

Afrika telt ongeveer tweehonderd miljoen runderen en het aantal veehouders dat nog een min of meer trekkend leven leidt, wordt op twintig miljoen geschat. Voor deze nomadisch levende herdersvolkeren is het houden van vee het wezen van hun bestaan. Vaak worden lange afstanden afgelegd voor het vinden van graasgronden en dan is melk voor de herders het belangrijkste en soms zelfs het enige voedsel. De kalveren worden om die reden voor een deel van de dag van de kudde gescheiden. Vee verkopen doet men alleen in geval van hoge nood en de dieren 'zomaar' doden om het vlees te eten doet men evenmin. Alleen bij ceremoniële gelegenheden wordt een rund geslacht. Vee is kapitaal, dat naast melk en vlees vooral veel aanzien geeft en de mogelijkheid om tradities en rituelen in stand te houden rond geboorte, besnijdenis, huwelijk (bruidschat) en dood.

▶ Peulherders met hun vee onderweg naar de rivier Niger (Mali).

◀ Peulherder met karakteristieke hoed en stok (Mali).

Zwemmende koeien

De Peul of Fulani, een herders- volk uit de Sahel, hebben zich voor een deel gevestigd in Mali, in de binnendelta van de rivier de Niger. In mei verlaten de jongemannen huis en haard en trekken met hun grote kudden ver naar het noorden. Tegen het eind van november keren ze terug. In de binnendelta van de Niger zijn dan de gewassen geoogst, zodat het vee er tot mei vrijelijk op de stoppels kan grazen. Om er te komen, moeten ze echter de brede Niger overzwemmen. Dat doen ze gemeenschappelijk en met feestelijk ceremonieel. Deze spectaculaire 'grote oversteek' vindt plaats bij het Malinese dorpje Diafarabé. In twee dagen tijd zwemmen hier vele tienduizenden runderen de Niger over. Met de stroom mee, schuin over de rivier, over een afstand van ongeveer een kilometer. De koeien zijn betere zwemmers dan de herders, die de 'grande traversée' vaak alleen maar halen door zich vast te houden aan de staart van een koe.

Cattle drives

In het zuiden van de Verenigde Staten werden vroeger vrijwel uitsluitend Longhorns gehouden, een gehard en taai rundveeras van Spaanse afkomst, nakomelingen van de runderen die in 1494 door Columbus waren aangevoerd. Dit halfwilde vee hield men aanvankelijk voornamelijk om de huiden (het leer). Toen na de Civil War (1866) steeds meer rundvlees nodig was voor de stedelijke gebieden in het noorden en oosten van de Verenigde Staten, ontstond een lucratieve handel van vee, dat lopend over een lange afstand vanuit het zuiden over de zogenaamde 'cattle trails' werd aangevoerd. Langs de nieuw aangelegde Pacific Railroad verrezen de 'cattle towns' Abilene, Ellsworth, Dodge City e.a. Als de dieren na een lange en zware tocht bij een treinstation arriveerden, werden ze in open veewagons gedreven en naar de slachterijen in Chicago vervoerd. Van 1866 tot 1890 zijn er zo ruim tien miljoen dieren vanuit het zuiden naar het noorden gedreven.

▶ Onderweg van Texas naar Dodge City in Kansas, steken cowboys met hun Longhorns de Red River over.

◀ De Longhorns worden in veewagons gedreven, waarmee ze naar de slachthuizen van Chicago worden vervoerd. Een tekening uit 1868.

Ranches en cowboys

De Verenigde Staten herbergen ongeveer honderd miljoen runderen en zijn met een jaarlijkse rundvleesproductie van 12 miljoen ton de grootste rundvleesproducent ter wereld. Jaarlijks eindigen er ruim 35 miljoen runderen aan de slachthaak.

De belangrijkste vleesveerassen die in de Verenigde Staten worden gehouden, zijn de Angus en de Hereford, hoewel recentelijk ook de Franse Limousin snel in aantal toeneemt. De zoogkoeien (fokdieren) worden extensief gehouden op grote ranches, waar naast fourwheeldrive-trucks ook nog altijd cowboys te paard worden ingezet.

De kalveren worden na een half jaar van hun moeders gescheiden. Het merendeel komt vervolgens terecht op de intensieve afmestbedrijven, de 'feedlots', waar de dieren in grote aantallen op relatief kleine oppervlakten worden gehouden en met voornamelijk maïs worden afgemest. De meeste bedrijven tellen meer dan tweeduizend en sommige tot wel meer dan honderdduizend stuks vee.

▶ Cowboys met hun vee op de uitgestrekte prairies van Montana (VS). Deze fokdieren, die extensief worden gehouden, produceren de kalveren voor de intensieve mestveebedrijven.

▼ In tegenstelling tot hun moeders, de zoogkoeien, worden de gecastreerde meststieren grootschalig en intensief gehouden.

Peones en nelores

Ook op het Zuid-Amerikaanse continent is de cowboy-cultuur nog springlevend. In Brazilië, waar een veehouderijbedrijf op z'n Portugees 'fazenda' en cowboys 'peones' worden genoemd, is de Nelore met honderd miljoen dieren verreweg het belangrijkste vleesveeras. De Nelore is een uit India afkomstige zeboe, die in de negentiende eeuw is ingevoerd om als werkvee te dienen op de koffieplantages. Later is dit trekvee omgefokt tot vleesvee. Nelore-vee is uitstekend aangepast aan de hitte van de tropen en uitermate geschikt voor extensieve vleesveehouderij. Brazilië produceert jaarlijks negen miljoen ton rundvlees en dat is al meer dan de EU. In Brazilië en de andere landen in tropisch Zuid-Amerika gaat de vleesveehouderij ten koste van veel regenwoud.

▶ Nelore-vee in Brazilië. Kalveren worden met de lasso gevangen om te worden ingeënt en gebrandmerkt.

Natuurkoeien

Vanaf omstreeks 1980 is het in Nederland geleidelijk aan gemeengoed geworden om natuurterreinen te laten begrazen door gedomesticeerde runderen. Die moeten de ecologische 'niche' opvullen die ooit werd ingenomen door oerrunderen en wisenten. Hiervoor is men in het buitenland op zoek gegaan naar geharde rassen, die zonder al te veel menselijke bemoeienis het jaarrond buiten gehouden kunnen worden. Zo deden de Schotse Hooglander, de Gallo-way en het Heckrund hun intrede in de Nederlandse natuurgebieden en meer recent de uit Noordwest-Spanje afkomstige Tudanca en Sayagueza. Overtollige dieren worden geslacht en als 'natuurvlees' verkocht.

▶ Schotse Hooglander.

▼ Heckrunderen worden in de Oostvaarderplassen 's winters niet bijgevoerd, waardoor er veel dieren sterven. De kadavers laat men liggen voor de vossen en andere aaseters.

Vleesvee in Nederland

In landen als Frankrijk en Italië is vroeger veel op trekkracht geselecteerd. Toen dit trekvee halverwege de twintigste eeuw geleidelijk aan werd vervangen door tractoren, zijn veel van deze zachtaardige en bespierde rassen 'omgefokt' tot vleesvee. Tot ongeveer 1970 werd in Nederland voorname-lijk dubbeldoelvee (gefokt op zowel melk- als vleesproductie) gehouden, maar dat is vervol-gens in snel tempo vervangen door het veel minder bespier-de, melktypische Holsteinvee. Hierdoor ontstond er behoefte aan vleesvee en daarvoor wer-den buitenlandse vleesveeras-sen aangetrokken: de Blonde d'Aquitaine, Limousin, Charo-lais, Gasconne en Parthenaise uit Frankrijk, de Belgische Witblauwe, de witkoppige Britse Hereford en de witte Italiaanse rassen Piemontese en Marchigiana.

▶ Gasconne.
▼ Parthenaise.

Zoogkoeien

In de vleesveehouderij noemt men de moederdieren, die de kalveren moeten leveren voor de stierenmesterij, zoogkoeien. Deze fokdieren worden over het algemeen extensief gehouden en lopen 's zomers samen met hun zogende kalveren in de wei of in natuurterreinen. Meestal loopt er ook een stier bij de kudde, want kunstmatige inseminatie wordt weinig toegepast bij vleesvee.

's Winters staan de zoogkoeien op stal.
De kalveren drinken 5-10 liter melk per dag en worden na ongeveer een half jaar (ze wegen dan ongeveer 300 kilo) van de moeders gescheiden ('gespeend'). De meeste vaarskalveren worden aangehouden om later de moederdieren, die ongeveer tien jaar in productie zijn, te kunnen vervangen of om als fokvee te worden verkocht. De stierkalveren

worden, met uitzondering van enkele dieren die als fok- of dekstier gaan fungeren, op stal afgemest en voor de slacht verkocht.

▶ Een zoogkoe van de uit Zuid-Frankrijk afkomstige Blonde d'Aquitaine.

▼ De Limousin is een Frans vleesveeras dat het in Nederland vooral goed doet op schraal land en heideterreinen. Het ras staat bekend om het gemakkelijk afkalven.

Paasvee

Het Nederlandse rundvlees is afkomstig van melkkoeien (die zijn geslacht omdat ze te oud of anderszins ongeschikt zijn om nog melk te produceren) of van meststieren van de speciaal op vleesproductie gefokte buitenlandse rassen. Daarvan is de Belgische Witblauwe, een dikbilras, veruit de belangrijkste. Jaarlijks worden in Nederland ongeveer één miljoen runderen geslacht. De stierkalveren van de vleesveerassen worden op een leeftijd van een half jaar gespeend en vervolgens op stal afgemest om op een leeftijd van 16-18 maanden (en een gewicht van circa 600 kilo) te worden geslacht. Kalfsvlees is voornamelijk afkomstig van gemeste stiertjes van melkkoeien.

Nederland produceert jaarlijks ongeveer 380.000 ton rund- en kalfsvlees en consumeert 270.000 ton. Een Nederlander eet 16 kilo rundvlees per jaar.

▶ Belgische Witblauwen ('dikbillen') op de Paasveeshow in Hoorn.

▼ Een 'prijs-os', 'gilde-os' of 'paas-os'. Een vroeger algemeen gebruik om een vetgemeste os versierd met bloemen door de stad of het dorp te leiden, met als eindbestemming de slager. Een afbeelding uit J. le Francq van Berkheys *Natuurlyke Historie van Holland* (1805).

Rundvlees

De vleesdelen

Naam	Bereiding, gerecht
1 hals (kraag)	stoofpot
2 onderrib, dikke en fijne rib	pan, grill
3 schoudermuis	stoofpot
4 sukadestuk	pan, stoofpot
5 bloemstuk	gebraad, pan, grill, stoofpot
6 dunne lende	gebraad, pan, grill
7 dikke lende	gebraad, pan, grill
8 staartstuk	pan, grill, gebraad
9 haas	ossenhaas, gebraad
10 staart	ossenstaartsoep
11 bovenbil: vast gedeelte, kogel, deksel	gebraad, pan
12 muis	gebraad, pan, rookvlees
13 platte bil	gebraad, pan, stoofpot, gehakt
14 spierstuk: kogel, dikke en dunne plaat	gebraad, pan
15 platte rib	soepvlees
16 hals (vast gedeelte)	soepvlees, gehakt
17 puntborst / borst / naborst	soepvlees
18 vang	grill
19 peeseind	pan, gebraad
20 schenkel	soepvlees
21 tong	kookvlees

21　　　　16　　　　17

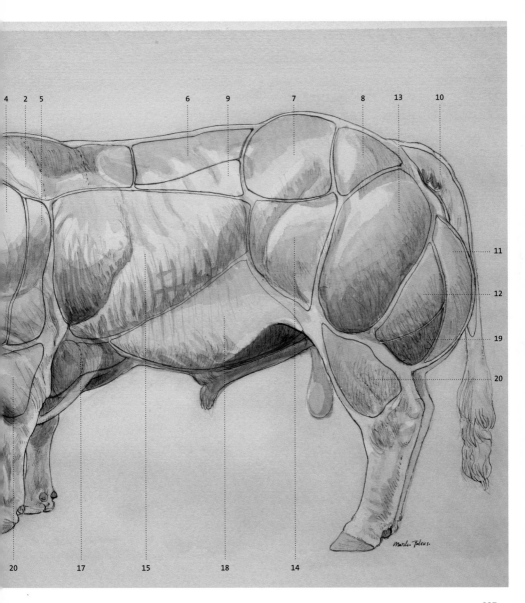

Over de auteurs

Anno Fokkinga (1943) is bioloog en was docent in het landbouwonderwijs in Friesland en Madagaskar. Hij maakt studie van de rundvee- en varkenshouderij in vele landen van de wereld en publiceerde samen met Marleen Felius het *Koeboek* (1985), *Een Land Vol Vee* (1995), *Het Varken* (1997, bekroond met de EUREKA! non-fictieprijs), *De Koe* (2001) en *Het Varkensboek* (2004). Ook schrijft hij artikelen voor *Veeteelt*, het vakblad voor melkveehouders.

Marleen Felius (1948) is beeldend kunstenaar en geniet internationaal bekendheid als expert op het gebied van rundveerassen. Haar schilderijen worden geëxposeerd in galeries en musea in binnen- en buitenland. Zij publiceerde in 1995 haar standaardwerk *Rundveerassen van de wereld* (en de Engelse editie *Cattlebreeds, an encyclopedia*), waarvan in 2000 de pocketuitgave *Gids, rundveerassen van de wereld* is verschenen. In 2008 publiceerde zij haar boek *Koe.nl*.

Illustratieverantwoording

Alle aquarellen zijn gemaakt door Marleen Felius.

ANP, Rijswijk: 49, 71, 93, 228, 229
AP, Amsterdam: 74
Beckwith, Carol: 67, 178
Clerque, Lucien: 90, 91, 92
Elsevier, Doetinchem: 152, 200
Errington, Sarah: 112, 185
Felius, M.: 19, 25, 34, 106, 120, 137, 145, 146, 147, 150, 156, 157, 162, 170, 171, 181, 193, 201, 206, 209, 217, 227, 230, 231, 235
Fokkinga, A.: 22, 23, 27, 30, 31, 33, 35, 48, 50, 51, 53, 55, 79, 80, 81, 82, 83, 98, 103, 105, 107, 111, 113, 118, 119, 125, 127, 129, 130, 141, 172, 173, 174, 175, 180, 189, 195, 205, 219, 221
Goldstein, M.C.: 26
Hopman, Han: 163, 165
James, Terry: 73

Koninklijk Instituut voor de Tropen, Amsterdam: 121
Lemmens, Hans: 155
Nomachi, Kazuyoshi: 117, 143, 191
Oorthuys, Cas: 196, 199, 202
Pavitt, Nigel: 179, 183
Payne, Danyal: 86, 87, 89, 177
Rijn, Frank van: 115
Spaarnestad, Haarlem: 197
Studio Van Assendelft: 207
Valat, Jacques: 65
Veeteelt, Arnhem: 56, 142, 148, 153, 161, 166, 167 (onder), 169, 224, 232, 233
Wigbels, V.L., (Biofaan): 228

De uitgever heeft ernaar gestreefd alle rechthebbenden te traceren. Degenen die desondanks menen zekere rechten te kunnen doen gelden, kunnen zich alsnog tot de uitgever wenden.

Colofon

Afbeelding omslag Foto van een in India erg populaire poster van 'moeder koe',
waarin allerlei goden zijn afgebeeld die geacht worden in de koe te leven. De
koe laat haar melk lopen in een 'linga', die de fallus van de god Shiva voorstelt.
De (heilige) koe staat in het hindoeïsme symbool voor al het leven op aarde.

Afbeelding p. 2 Zeboes van het vleesveeras Nelore (Brazilië).

© 2010 Tekst **Anno Fokkinga en Uitgeverij THOTH,**
Nieuwe 's-Gravelandseweg 3, 1405 HH Bussum
WWW.THOTH.NL
© 2010 Aquarellen **Marleen Felius en Uitgeverij THOTH, Bussum**

Grafische vormgeving **Studio Hans Lemmens, Amsterdam**
Druk- en bindwerk **Indice Arts Gràfiques, Barcelona (Spanje)**

ISBN 978 90 6868 558 9